Elisabeth Lukas

Sehnsucht nach Sinn

Heilkunst und Lebenskunst
in der Logotherapie

Band 12

Elisabeth Lukas

SEHNSUCHT NACH SINN

Logotherapeutische Antworten auf existentielle Fragen

4., korrigierte und erweiterte Auflage

EDITION LOGOTHERAPIE

PROFIL VERLAG

Anschrift der Autorin:
Prof. h.c. Dr. Elisabeth Lukas
Marktplatz 17/4/1
A-2380 Perchtoldsdorf bei Wien
Österreich

Bibliografische Information der Deutschen Bibliothek:
Die Deutsche Bibliothek verzeichnet diese Publikation in der Deutschen Nationalbibliografie, detaillierte bibliografische Daten sind im Internet über http://dnb.ddb.de abrufbar.

Gestaltung & Satz: 10takel design
Lektorat: Profil Verlag
Printed in the E.U.
ISBN 978-3-89019-788-3

Inhalt

Die Verneinung des Lebens und ihre Überwindung

Argumente wider den Pessimismus

Wende dein Gesicht zur Sonne,
und die Schatten fallen hinter dich.
(Äthiopisches Sprichwort)

Die Verneinung oder zumindest die Infragestellung des Lebens ist sehr verbreitet und drückt sich in vielfältiger Form aus: in Apathie und Resignation, in Depression und Suchtkrankheit, in Kriminalität und Suizidalität. Seelische Störung und Verstörung ist zwar nicht immer die Folge einer grundsätzlichen Lebensverneinung, aber fast immer gilt, dass sich seelisch gestörte Menschen niemals so sehr in ihr Verstörtsein hineinfallen ließen und sich ihm ausliefern würden, wenn sie das Leben grundsätzlich bejahen würden. Was nicht viel wert ist, kann eben riskiert und vergeudet werden, und auch ein Menschenleben, das als wenig wert erachtet wird, wird leichtfertig beschädigt. Es gibt dann keinen ersichtlichen Grund zu seiner Erhaltung, keinen Grund, sich für die Bewahrung oder Wiedergewinnung der körperlich-seelischen Gesundheit bzw. für ein Durchtragen von Krankheit und Behinderung einzusetzen. Das Nein zum Leben, das der langsamen oder schnellen Selbstvernichtung Tür und Tor öffnet, wächst auf dem Boden eines fehlenden Jas zum Leben.

Überlegen wir: Auf welchem Boden wächst dann das Ja zum Leben? Oder allgemeiner formuliert: Worin gründet überhaupt die Bejahungswürdigkeit des Lebens? Was können wir zweifelnden und verzweifelten Menschen entgegenhalten, wenn sie sich der sogenannten „Eh-Mentalität" verschreiben, die da lautet: „Es bringt eh alles nichts", „Es ist eh alles egal", „Das Leben ist eh nur ein einziges Jammertal", usw.?

Bei der Beantwortung dieser Frage können wir nicht einfach auf die angenehmen und lustvollen Seiten des Lebens verweisen. Denn wäre das Leben bloß bejahungswürdig, sobald und solange es angenehm und lustvoll ist, müsste jeder von uns seinem Leben auf der Stelle eine Absage erteilen. Überwiegen doch die unangenehmen und mühseligen Stunden in nahezu jeder Lebensgeschichte. Wenn es aber die Lust nicht ist, was ist es sonst? Beobachtungen an Hunderten von gesunden wie kranken, wohlsituierten wie notleidenden Menschen haben uns gelehrt, dass das Leben ausnahmslos dann bejaht werden kann, wenn es als *sinnvoll* empfunden wird. Und zwar unabhängig davon, ob es Glück oder Schmerz für einen bereithält. Das sinnvolle Leben ist das bejahungswürdige Leben, während das scheinbar sinnlose Leben unweigerlich der Zerstörung unter einer ihrer vielen Masken anheimgegeben wird.

Auf dieser in zahlreichen Studien nachgewiesenen Beobachtung aufbauend bemüht sich die „dritte Wiener Schule der Psychotherapie", die Logotherapie von Viktor E. Frankl, psychologisch-philosophische Aspekte ins Bewusstsein zu heben, die für eine bedingungslose Sinnhaftigkeit des Lebens sprechen und dadurch geeignet sind, der Verneinung des Lebens entgegenzuwirken. Es sind Aspekte, die für eine Sinnhaftigkeit des Lebens plädieren auch noch angesichts der „tragischen Trias" von Leid, Schuld und Tod, die keinem menschlichen Dasein erspart bleibt. Jeder Mensch erleidet irgendetwas, jeder Mensch wird irgendwie schuldig, und jeder Mensch stirbt irgendwann. Die zentrale Frage, an der sich die bedingungslose Sinnhaftigkeit des Lebens bewähren muss, ist somit eine dreifache. Wie lässt sich dem Leiden, das stets mit einer erlittenen Sinnwidrigkeit im Zusammenhang steht, ein Sinn abringen? Wie lässt sich der Schuld, die einer begangenen Sinnwidrigkeit gleichkommt, ein Sinn abgewinnen? Und wie lässt sich die Tatsache, dass alles Leben vergänglich ist, in einer Weise verstehen, der zufolge der Sinn des Lebens nicht durch den Tod zunichte gemacht wird?

Den Gedanken, die die Logotherapie in ihrer Auseinandersetzung mit der genannten Problematik anbietet, möchte ich in drei „Argumentationen" nachgehen. Sie sind den Fragen „Sinn trotz Leid?", ,,Sinn trotz Schuld?" und „Sinn trotz Tod?" gewidmet. Sollte sich dabei glaubhaft zeigen, dass weder Leid noch Schuld und nicht einmal die Vergänglichkeit des Lebens wirklich Anlass geben, das Leben zu verneinen, werden wir einen wesentlichen Schritt von der „Eh-Mentalität" und ihrer abgedroschenen Phrase: „Es hat eh alles keinen Sinn" weg zu einer „Trotzdem-Mentalität" hin getan haben, zum „Trotzdem Ja zum Leben sagen". Der Eine oder Andere wird dabei aber vielleicht noch mehr entdecken. Entdecken nämlich, dass nicht nur *trotz,* sondern gerade *in* der Versöhnung mit Leid, Schuld und Tod die höchsten Sinnmöglichkeiten, die menschlicher Existenz offenstehen, zu ihrer Ausschöpfung gelangen.

1. Argumentation: Sinn trotz Leid?

Von Viktor E. Frankl, der während des 2. Weltkrieges das Leid in seiner ganzen Tiefe kennengelernt hat, stammt der Satz: „Das Leiden macht den Menschen hellsichtig und die Welt durchsichtig“. Verweilen wir ein wenig bei diesem Satz. Er enthält eine Aussage über zwei mögliche positive Leidfolgen: über die durch ein Leid hervorgebrachte *Hellsichtigkeit des Menschen*, und über die durch ein Leid zustande gekommene *Durchsichtigkeit der Welt*. In beiden Fällen wird die Sicht des Menschen erweitert, erneuert, eventuell korrigiert, jedenfalls intensiviert. Der leidende Mensch sieht mehr. Er sieht es nicht mit den Augen in seinem Gesicht, sondern mit den Augen seines Geistes; er nimmt geistig mehr wahr.

Nun gibt es zweierlei Grundformen des Leides. Es gibt das Leid, das wir durch unsere Mitmenschen erfahren, die uns angreifen, demütigen, kränken, hänseln, übervorteilen, ablehnen. Es ist das Leiden an der nicht empfangenen Liebe, an der Lieblosigkeit, am Hass. Wer wüsste nicht um diesen unsagbaren Schmerz, wer hätte ihn nicht schon als Kind gefühlt? Wer wäre nicht in seinem Erwachsenenleben immer wieder damit konfrontiert worden? Wir werden nicht nur aufgenommen von unseren Freunden, wir werden auch zurückgestoßen von unseren Feinden.

Parallel dazu gibt es ein Leid anderer Art. Dieses Leid geht nicht von unseren Mitmenschen aus, sondern wird vom namenlosen Schicksal über uns verhängt. Ein schwerer Verlust bricht über uns herein: der Verlust an Gesundheit, an Kraft, an Sicherheit, an Einkommen, an Angehörigen gar. Es ist das Leiden am Kranksein, am Schwachsein, am Hilflossein, die Einsamkeit der vom Unglück heimgesuchten Kreatur. Wer hätte niemals darniedergelegen unter den Hammerschlägen des Schicksals?

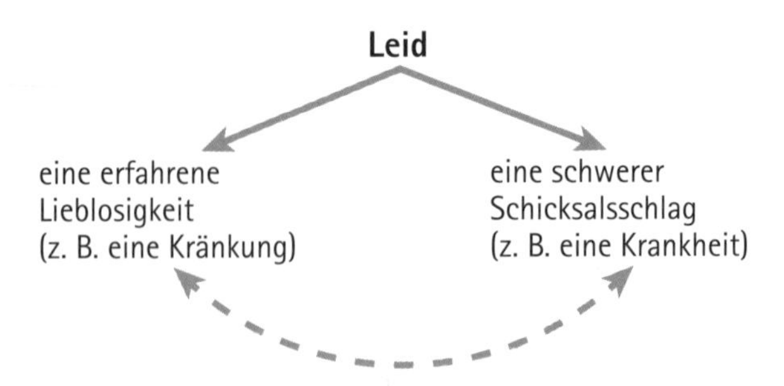

Obwohl beide Leidformen von unterschiedlicher Herkunft sind, gibt es Überschneidungen zwischen ihnen, was in obiger Skizze mit dem Doppelpfeil angedeutet ist. Jeder Amateurpsychologe kennt den Slogan, wonach „krank wird, wer sich kränkt". Dass die wahren Zusammenhänge komplizierter sind, und dass mitunter auch fröhliche und gern gemochte Menschen ernsthaft erkranken, gerät durch solche Slogans leicht in Vergessenheit. Aber wie an jeder Halbwahrheit, so ist auch an dieser etwas daran. Eine erfahrene Lieblosigkeit kann sich psychisch derart deprimierend auswirken, dass die Widerstandskraft des Organismus sinkt und dadurch seine Krankheitsanfälligkeit steigt. Beispielsweise ist nachgewiesen, dass eine depressive Stimmungslage, die in der Altersklasse zwischen 40 und 55 Jahren längere Zeit andauert, das Risiko, später an Krebs zu erkranken, ungefähr verdoppelt.*

* Gerald Pohler, Die Psychologie im Dienste der Krebsforschung und Krebsbehandlung, in „Psychologie in Österreich", Nr. 2-3, 6. Jg./1986.

Eine depressive Stimmungslage kann aber durchaus auf das nachhaltige Erlebnis einer erfahrenen Kränkung zurückgehen.

Überschneidungen der beiden Leidformen gibt es auch in umgekehrter Richtung. Nämlich dass jemand, den ein schwerer Schicksalsschlag getroffen hat, im Anschluss daran von seiner Mitwelt gemieden oder fallen gelassen wird. Der dazu passende Slogan besagt, dass „Freunde in der Not rar sind". Wir merken: Nicht nur Krankheit kann das Resultat einer Kränkung, sondern auch Kränkung kann das Resultat einer Krankheit sein; keines von beidem jedoch geschieht zwangsläufig.

Ich möchte nun die beiden beschriebenen Leidformen mit dem Frankl-Zitat über die zwei möglichen positiven Leidfolgen in Verbindung bringen:

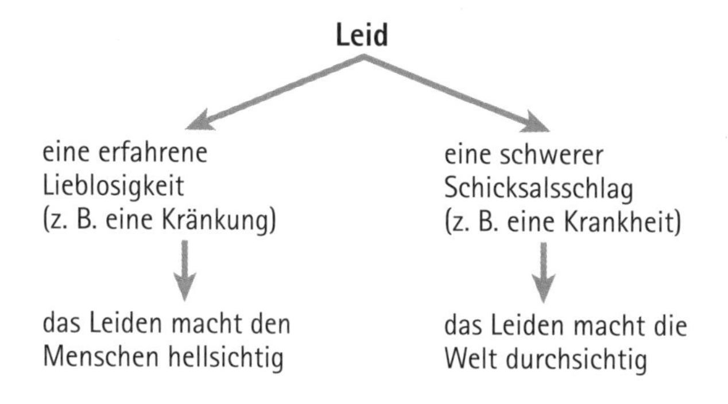

Denn ich behaupte, dass sich die Hellsichtigkeit eines Menschen verstärkt dann einzustellen vermag, wenn dieser eine Lieblosigkeit erfahren hat, und dass sich analog dazu die Durchsichtigkeit der Welt verstärkt für denjenigen vollzieht, den ein schwerer Schicksalsschlag getroffen hat.

Welchen Beweis habe ich für meine Behauptung? Der erste Teil meiner Behauptung geht u. a. auf eine persönliche Erfahrung zurück. Vor vielen Jahren habe ich etwas Merkwürdiges erlebt. Eine mir bekannte und mir wichtige Person brachte mir plötzlich eine Feindschaft und Gehässigkeit entgegen, die unbegreiflich schien. Sämtliche Versuche der Aufklärung und des Wieder-zueinander-Findens scheiterten, was mir sehr weh tat. Ich gebe zu, dass sich zunächst keine Hellsichtigkeit im Franklschen Sinne bei mir einstellte; eher war alles vor meinem inneren Auge verdunkelt. Ich verstrickte mich sogar eine Zeit lang in die gefährliche „Warum-Frage", die nirgendwo hinführt.

Nicht umsonst warnte Viktor E. Frankl davor, das Leben zu befragen. Etwa zu fragen: „Warum ist meine Tochter behindert?", „Warum ist mein Mann ein Trinker?", „Warum hat mich meine Frau betrogen?", „Warum bin ich krank geworden?", „Warum hasst mich dieser oder jener?" Das Forschen nach einem Warum ist immer erfolgreich, aber selten hilfreich. Erfolgreich ist es, weil wir unendlich weitschichtig spekulieren können, immer neuen hypothetischen Ursachen auf der Spur. Ursachen im Erbgut, Ursachen in der Erziehung, Ursachen im sozialen System, Ursachen in der Sternkonstellation, Ursachen in einem früheren Leben ... Bei der Fahndung nach dem Warum sind der Phantasie keine Grenzen gesetzt. Selten hilfreich ist solche Fahndung jedoch, weil sie uns auf die falsche Fährte lockt. Viktor E. Frankl hat den Mut gehabt, dies entgegen der herkömmlich analysierenden psychologischen Denkweise, die hauptsächlich auf Ursachenforschung angelegt ist, auszusprechen. Er schrieb:*

* Viktor E. Frankl, Ärztliche Seelsorge, dtv München, [6]2007, S. 107.

Das Leben selbst ist es, das dem Menschen Fragen stellt. Er [der Mensch] hat nicht zu fragen, er ist vielmehr der vom Leben her Befragte, der dem Leben zu antworten – das Leben zu verantworten hat. Die Antworten aber, die der Mensch gibt, können nur konkrete Antworten auf konkrete „Lebensfragen“ sein.

Das heißt, es ist gerade umgekehrt: Nicht das Fragen ist unsere Sache, sondern das Antworten, nicht das Warum ist relevant für uns, sondern das Deshalb. Das Leben fragt den Einen: „Deine Tochter ist behindert. Was tust du jetzt?“ und den Anderen: „Dein Mann ist ein Trinker. Was machst du daraus?“ Das Leben fragt den Dritten: „Deine Frau hat dich betrogen. Wie gehst du damit um?“ und den vierten: „Du bist krank geworden. Wie stellst du dich dazu ein?“ Die Antwort ist unser. Die Antwort ist frei. Das Warum in letzter Schärfe zu durchschauen, ist uns nicht gegeben, aber das Deshalb in letzter Freiheit zu wählen, ist uns gewährt. Während der Eine antworten wird: ,,Meine Tochter ist behindert, deshalb will ich von ihr nichts wissen“, wird der Andere antworten: ,,Meine Tochter ist behindert, deshalb soll sie meine besondere Zuwendung erhalten“. Und während der Eine antworten wird: „Ich bin krank geworden, deshalb freut mich das ganze Leben nicht mehr“, wird der Andere antworten: „Ich bin krank geworden, deshalb nütze ich jede Minute meines Lebens sorgfältig aus“. Die Fragen, die das Leben uns stellt, können wir uns nicht aussuchen, aber die Antworten, die wir darauf geben, sind Zeugnis unserer ureigenen geistigen Haltung, gleichsam „Fingerabdrücke“ unseres Ichs.

Damit möchte ich zu jener persönlichen Erfahrung zurückkehren, von der ich zu berichten begonnen habe. Das

Leben fragte mich damals: „Da ist jemand, der dich hasst. Wie reagierst du darauf?“ Wie gesagt, dauerte es etwas, bis ich die „Warum-Frage“ losließ und mich als Befragte begriff. Doch in dem Augenblick, in dem ich mich dazu durchrang, kam ein Reifeprozess bei mir in Gang, den ich nicht mehr missen möchte. Ich fing an, über das Phänomen der „Feindesliebe“ nachzudenken, das mir bis dahin ziemlich fremd geblieben war. Das Phänomen der „Nächstenliebe“ war mir unvergleichlich vertrauter. Wie wohl jedem Anderen auch, so hatte mir von jeher der Sinn der „Nächstenliebe“ eingeleuchtet, aber den Sinn der „Feindesliebe“ galt es noch zu enträtseln. Und siehe da, in jenen traurigen Tagen fand ich ihn. Ich hielt ihn fest in einem Gedichtchen, das zugleich meine Antwort enthält auf die Frage, die das Leben mir gestellt hatte:*

Ich danke dir, mein Freund.
Du hast mich angegriffen
und dabei die Kraft zur
Verzeihung in mir geweckt.

Du wolltest mich erniedrigen
und hast dabei bewirkt,
dass ich mich aufraffte
zu meiner vollen Größe.

---

* Elisabeth Lukas, Worte können heilen, Quell/Gütersloher Verlagshaus, Gütersloh [2]2003, S. 113.

Du wolltest mir weh tun,
und hast mich dabei gelehrt,
den Schmerz zu ertragen
mit Würde und Tapferkeit.

Ich danke dir, mein Freund.
Du wolltest mich zerstören,
und hast mir dabei gezeigt
das Unzerstörbare in mir.

Dieser Reifeschub, den ich persönlich erfahren durfte, machte mich sensibler für die Tragik zwischenmenschlicher Konflikte, Kränkungen und Frustrationen. Ich konnte meinen Patienten seither besser als früher vermitteln, wie man mit Kränkungen umgehen muss, damit aus ihnen kein „perpetuum mobile" wird, keine endlose Vermehrung des Leides in der Welt. Das Tragische an jeder Lieblosigkeit ist nämlich genau dies: dass sie Gewalt genug hat, ein „perpetuum mobile" in Gang zu setzen.

Man stelle sich als Personifikation der Lieblosigkeit einen großen, harten Ball vor. Jeden, den er trifft, schlägt er wund. Irgendwo wird das Ballspiel gestartet: Einer wirft diesen Ball auf einen Anderen. Der Andere wirft ihn zurück, doch kaum, dass er ihn losgeworden ist, kommt der Ball wieder angeflogen, erzeugt Wunde für Wunde, hüben wie drüben. Mehr noch: Das Ballspiel hat seine eigene Dynamik. Weil jeder den Ball so schnell wie möglich loswerden will, wird meistens nicht sauber gezielt, wird der Ball nicht mehr dorthin zurückgeworfen, wo er hergekommen ist. Vielleicht steht ein unbeteiligter Dritter zufällig näher, und ruckzuck wird ihm der Ball entgegen geschleudert. Die Wut wird an einem Unschuldigen ausgelassen, der Ärger auf einen Außenstehenden übertragen. Der Außenstehende weiß mit dem Ball auch nichts anderes anzufangen, als ihn schleunigst weiterzureichen, und die Wunden vermehren sich.

In der Psychologie und Psychotherapie kennt man solche Kettenreaktionen bestens. Ein Mann erleidet eine berufliche Niederlage. Er besucht seine Schwester und beschimpft sie. Die Schwester ist Lehrerin und nimmt ihre Missstimmung mit in die Schule. Die Schulkinder reagieren gereizt und nervös und benehmen sich nach der Schule daheim unausstehlich. Die gestressten Eltern der Schulkinder geraten sich gegenseitig in die Haare, und jeder trägt die Folgen des Ehekrachs in seinen eigenen Wirkungsbereich hinein. Das Ballspiel geht weiter; aus einem Ballschlag werden zehn, aus zehn Ballschlägen werden hundert. Auf politischer Ebene genügt ein Attentat, um Kriege zu entfachen, die Millionen töten.

Allein, es gibt ein Mittel, das „perpetuum mobile" der Lieblosigkeit zum Stillstand zu bringen. Jemand muss den Ball fangen und *halten*. Jemand muss das empfangene Leid *aushalten*. Aushalten, ohne es an die Mitwelt zurückzugeben oder weiterzureichen. Und es ist tatsächlich möglich, Leid aufzufangen und dennoch heil zu bleiben – ohne neurotische Verdrängung und ohne Magengeschwüre oder sonstige gesundheitlichen Schäden. Allerdings muss es transformiert werden in eine menschliche Leistung, für die ich kein besseres Wort weiß als den biblischen Ausdruck „Feindesliebe".

Die richtig verstandene Feindesliebe befähigt uns nämlich, die Wunde dessen zu sehen, der uns den Ball zuwirft. Nicht bloß die eigene, die uns der Ball geschlagen hat. Nein, die fremde, das Wundsein des Anderen. Jetzt sind wir bei der Hellsichtigkeit angelangt, die ich speziell mit einer erfahrenen

Lieblosigkeit zu verknüpfen wage. Wie oft heißt es pauschal: „Wer keine Liebe empfangen hat, kann keine Liebe geben". Doch fragen wir: wo ist dies festgelegt? Im Rahmen menschlicher Existenz gibt es kein solches Gesetz. Wir haben gehört: Die Antwort ist unser! Die Antwort ist frei! Das zu Empfangende können wir nicht wählen, aber das zu Gebende ist unsere Entscheidung. Ja, es gilt sogar, dass eigentlich nur ein Mensch, der Lieblosigkeit in irgendeiner Form erfahren hat, abschätzen kann, was das bedeutet, und wie immens wichtig es ist, die Lieblosigkeit nicht zu perpetuieren.

Deshalb möchte ich, den Aspekt der Hellsichtigkeit abrundend, sagen: Das Leid, das uns von anderen Menschen zugefügt wird, kann uns verletzen, aber nur solange es in unserer Seele dunkel ist. Sobald es darin hell wird, wenn die Hellsichtigkeit einzieht, erkennen wir, wie sehr die, die uns verletzen, selber Verletzte sind. Mit dieser Erkenntnis wandeln sich Gefühle wie Ärger, Wut oder Trauer, die wir empfinden mögen, in Gefühle der Anteilnahme und des Mitleids mit jenen Verletzten, die uns als Feinde gegenüberstehen, und befähigen uns, darauf zu verzichten, ihnen den Ball zurückzureichen, was ihren Wunden die Chance gibt, abzuheilen.

Was gleichzeitig uns eine Chance gibt, im Verwundetwerden heil zu bleiben. Denn es ist klar, dass dort, wo Wut, Ärger oder Trauer weichen, auch ihre psychosomatischen Folgereaktionen ausbleiben. An einer mitleidvollen Anteilnahme ist noch niemand erkrankt. So zeigt sich: Der Ball, der gehalten wird, und zwar nicht etwa aus Feigheit, sondern bewusst zum „Mitweltschutz", das heißt, zum Schutz Beteiligter und Unbeteiligter, an die man ihn weiterreichen könnte, dieser Ball verliert seine Verwundungskraft. Wer Andere schützt, ist geschützt.

Mit alledem will ich nicht sagen, dass man Angriffe stets kommentarlos schluckten müsste. Man soll sich mit seinen Angreifern auseinandersetzen, mit ihnen sprechen, mit ihnen verhandeln, mit ihnen gemeinsam Missverständnisse auszuräumen versuchen. Mir geht es einzig darum, dass sich ein Leid nicht aus der Welt schaffen lässt, indem man das Leid in der Welt vermehrt. Mir geht es um die *Reduzierung der Leidvermehrung.*

Die Zeitungen haben vor einigen Jahren viel über eine Mordserie in Wien berichtet. Mehrere Krankenschwestern hatten „lästige Patienten" in einem Wiener Pflege- und Altenheim qualvoll getötet. Und immer wieder stand damals zu lesen, dass Krankenschwestern in ihrer Arbeit völlig überfordert sind, was sie eben verleitet, sich auf schreckliche Weise zu entlasten. Die Zeitungen haben im selben Jahr auch viel über Krawalle in Berlin berichtet. Und wieder stand zu lesen, dass Jugendliche von manchen sozial-politischen Missständen derart enttäuscht sind, dass sie sich in einem Rausch des Hasses von ihren angestauten Frustrationen befreien. Wo aber, so frage ich, in welchen Medien werden die Hunderten von Krankenschwestern geehrt, die trotz täglicher Arbeitsüberlastung noch niemals einen Patienten zu Schaden haben kommen lassen? Auf welches Podest werden die Jugendlichen gestellt, die bei aller Meinungsdifferenz noch niemals Polizisten mit Steinen beworfen und Schaufenster demoliert haben? Solche Menschen sollten viel mehr geachtet und beachtet werden, denn was sie tun, ist nicht selbstverständlich, es ist praktizierte Feindesliebe in ihrer besten Bedeutung, es ist die Transformation eines Leides in eine menschliche Leistung, wie Viktor E. Frankl es auszudrücken pflegte. Es ist das *Halten* eines Balles, der, weil er – mit Haltung – gehalten wird, niemanden mehr verletzt.

Wenden wir uns jetzt der zweiten Leidform zu, dem Leiden auf Grund eines schweren Schicksalsschlages, und der Behauptung, dass dieses Leiden die Welt gleichsam „durchsichtig“ machen kann. Was, wie noch zu beweisen sein wird, ein „Wachsen an Verlusten“ ermöglicht. Ein schwerer Schicksalsschlag hat stets den Stellenwert einer existentiellen Bedrohung. Das eigene Leben und Weiterleben ist bedroht. Auch wenn der Schicksalsschlag nicht in Krankheit, sondern im Verlust eines nahen Verwandten oder im Verlust des Berufs oder im Verlust der Heimat besteht, entkommt man der existentiellen Bedrohung nicht, die dann in der Frage gipfelt, wie man ohne diesen nahen Verwandten, ohne seinen Beruf oder außerhalb der Heimat weiterleben kann. Ein Schicksalsschlag ist eine, wenn auch noch so zarte, Berührung mit dem eigenen Tod; man hat die Bewegung der „Sense“ gespürt.

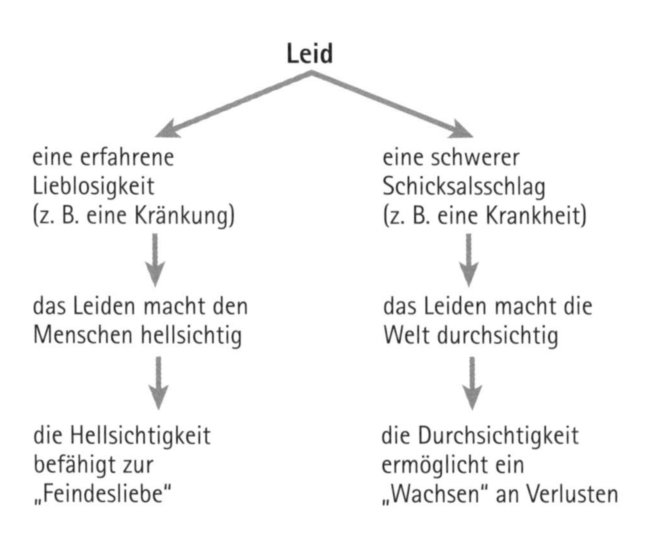

Noch deutlicher spürbar wird sie, wenn man ernsthaft erkrankt. Gestern war man noch voller Pläne, aber heute gab es einen Unfall, einen Zusammenbruch oder einfach einen Arztbesuch in aller Stille, und plötzlich sind die Pläne von gestern hinweggemäht Was wichtig war, ist abrupt unwichtig geworden; was gestern noch der Aufregung wert schien, ist heute uninteressant. Schon beginnt die Welt *durchsichtiger* zu werden, es sei denn, man schließt die Augen und will die Wahrheit nicht wahr haben. Für denjenigen jedoch, der sich der Wahrheit stellt, kommt noch einiges an Wahrheit hinzu. Er wird daran erinnert, dass das Leben nur eine Leihgabe ist, auch wenn er jahrelang so getan hat, als wäre das Leben sein unantastbarer Besitz. Er wird daran erinnert, dass das Leben kostbar ist, auch wenn er jahrelang anderen Kostbarkeiten nachgerannt sein mag. Hat er zuvor das Leben eher verneint, beginnt er sich zu fragen, ob er da nicht etwas voreilig gewesen ist, und ob er, wenn es darauf ankommt, nicht doch nach dem Leben ruft. Hat er zuvor das Leben eher bejaht, beginnt er sich zu fragen, ob er es auch als Siecher, als Amputierter, als Bettlägeriger noch bejahen will. Wir sehen, Werte müssen neu sortiert und neu definiert werden, das Schicksal zwingt zum Nachdenken.

Eine weitere Wahrheit gesellt sich hinzu: man ist allein. Mit seinen Gedanken allein, mit seinen Ängsten und Schmerzen erst recht allein. Freilich, die Familie und die Freunde scharen sich um einen und bemühen sich, einen aufzurichten und die existentielle Bedrohung zu bagatellisieren. Aber für denjenigen, der sich der Wahrheit stellt, ist die Welt bereits zu durchsichtig geworden für einen Selbstbetrug. Er weiß in der tiefsten Tiefe seines Herzens, wie es um ihn steht. Vielleicht hat er durchaus die Hoffnung, seine Krankheit zu überleben oder mit seiner Krankheit noch etliche Jahre zu leben, doch auch die ruhende Sense wird nie mehr ganz aus seinem Blickfeld verschwinden. Angesichts all dieser Veränderungen zerreißt die Oberfläche des täglichen Trotts, in den der Betreffende bisher eingespannt war, und es taucht etwas mehr oder weniger Neues auf: das Wesentliche.

Was ist wesentlich? In den Volkserzählungen von Leo Tolstoi gibt es die Geschichte von Pachom, dem Bauern, der beim Volksstamm der Baschkiren Land kaufen möchte. Er bekommt ein sagenhaft gutes Angebot: Er darf für 1000 Rubel so viel Land behalten, wie er an einem Tag umschreiten kann. Pachom eilt von dannen und hastet ohne Ruh‘ und Rast dahin, um möglichst viele Wiesen und Äcker zu umrunden, die ihm dann zufallen sollen. Bald machen ihm Hitze und Müdigkeit zu schaffen, doch er jagt unbeirrt weiter. Schließlich muss er zurückkehren, weil sich der Tag dem Ende zuneigt. Viel zu weit ist er gelaufen, weswegen er sich auf dem Rückweg sputen muss. Endlich erreicht er mit allerletzter Kraft seinen Ausgangspunkt und bricht tot zusammen. Leo Tolstoi hat die Geschichte mit der Frage betitelt: „Braucht der Mensch viel Erde?“, und er lässt sie enden mit dem Schlusssatz, dass der Knecht des Pachom seinem Herrn ein Grab gräbt, ein Grab in der Erde, genauso groß, nämlich ein paar Fuß lang, wie „Pachom es braucht“.

Die Geschichte verdeutlicht, dass der kerngesunde Pachom, dem das Leben ein gutes Angebot macht, nicht weiß um das Wesentliche. Braucht der Mensch viel Erde? Braucht er viele Güter? Braucht er Ruhm und Ansehen? Braucht er Eigenheime und teure Ferienreisen? Braucht er Kinder, die

Einserschüler sind? Wie glücklich und zufrieden hätte Pachom leben können, hätte er sich in Bescheidenheit ein kleines Stück Land gewählt und es liebevoll bebaut. Wesentlich ist, sich mit Kleinem begnügen zu können, das Kleine gedeihen zu lassen, sich an Kleinem zu erfreuen.

Nehmen wir an, Pachom, der Bauer aus Tolstois Geschichte, wäre am Ende seiner wahnwitzigen Tagesreise mit einem Herzanfall davongekommen. Hätte nicht die Folge sein können, dass ihm das Wesentliche aufgegangen wäre? Vielleicht wäre er vom Kollaps erwacht und hätte begriffen, dass ein riesiges Landgut, noch dazu mit geschwächtem Herzen, nicht zu bewirtschaften ist, hätte die Hälfte des erworbenen Landes zurückgegeben und auf der anderen Hälfte in Ruhe seine Tage verbracht. Die Welt wäre für ihn durchsichtiger geworden, sie hätte ihm, durch den erlittenen Schmerz hindurch, besser offenbart, „wie viel Erde der Mensch braucht". Oder anders ausgedrückt: Pachom wäre am Verlust seiner Gesundheit und am Verlust der Hälfte seines Landes gewachsen, zu einem bescheideneren, reiferen und weiseren Menschen herangewachsen.

Ähnliches wird immer wieder in der Nachsorge von Krebspatienten und unheilbar Kranken beobachtet. Sie gewinnen an etwas, das ich als *Souveränität* bezeichnen möchte. Sie gewinnen an Souveränität über die eigene Existenz. Die missmutigen Alltagsgefechte, das Hetzen und Jagen nach Unwesentlichem hört auf. In dem Maße, in dem die Welt an Durchsichtigkeit zunimmt, tritt auch die Relativität der kleinlichen Sehnsüchte und Ängste, die unser Leben gewöhnlich recht holprig und unausgewogen machen, mit Deutlichkeit hervor. Was ärgern wir uns über eine Autopanne, was schimpfen wir über einen defekten Fernseher, was bekümmern uns die Sorgen um eine Gehaltserhöhung, was nörgeln wir an unseren Nachbarn herum, was zittern wir um ein bisschen Anerkennung seitens der Kollegen, was jammern wir über einen verregneten Sonntag! Die Erfahrung eines schweren Schicksalsschlages rückt dies alles an seinen unwichtigen Platz und holt das Wichtige aus der Versenkung. Die Gnade des Lebendigseins. Die Schau der Schönheit der Natur. Die empfangene und gespendete Liebe. Das Gute, das noch seiner Erfüllung harrt. Pachom hört auf, sich für ein paar Quadratmeter Land abzustrampeln, was ihm die Kehle zuschnürt. Er kniet sich ins Gras und atmet den Duft des Bodens, was sein Herz öffnet. Plötzlich wird auch unwichtig, wie lange Pachom noch den Duft des Bodens atmen kann. Wichtig ist nur, dass er ihn geatmet hat. Ähnlich verliert für den unheilbar Kranken die Zeitspanne, die er noch vor sich hat, an Bedeutung. Wesentlich ist nur, womit sie gefüllt wird.

Natürlich kann dies alles ein langer Prozess sein. Elisabeth Kübler-Ross hat ihn in fünf Stufen beschrieben, die beim Durchlaufen einer existentiell bedrohlichen Situation erklommen werden müssen. Erst kommt die Stufe des Sich-Aufbäumens gegen das Leid. Ihr folgt die Stufe des Nicht-wahr-haben-Wollens der Wahrheit. Sie mündet in die Stufe des Kopf-hängen-Lassens in Verzweiflung. Aus ihr wiederum geht die Stufe des Sich-Auseinandersetzens mit den Tatsachen hervor, was schließlich zur höchsten Stufe überleiten kann: zur Stufe des Akzeptierens und Annehmens des Unabänderlichen. Dieser gesamte Prozess ist ein Wachstumsprozess, bei dem es gilt, Äußerlichkeiten zu verlieren, um Innerlichkeit zu gewinnen.

Auf Stufe 1, beim Sich-Aufbäumen gegen das Leid, gilt es, Waffen herzugeben, um Frieden schließen zu können. Auf Stufe 2, beim Nicht-wahr-haben-Wollen der Wahrheit, gilt es, Täuschungen aufzugeben, um echt werden zu können. Auf Stufe 3, beim Kopf-hängen-Lassen in Verzweiflung, gilt es, Urangst loszulassen, um Urvertrauen einzulassen. Auf Stufe 4, beim Sich-Auseinandersetzen mit den Tatsachen, gilt es, das Selbst zurückzustellen, um der Welt auf den Grund zu gehen. Und auf Stufe 5, beim Akzeptieren und Annehmen des Unabänderlichen, gilt es schließlich, den eigenen Willen zu synchronisieren mit einem ewigen Willen. Stufe 5 ist, falls sie erreicht wird, geradezu eine Stufe der Heiligkeit, wenn wir Carl Amery glauben wollen, demzufolge Heiligkeit „die absolute Souveränität über die eigene Existenz in ständigem Einklang mit den erkennbaren Forderungen eines ewigen Willens" ist.*

Der griechische Dichter Nikos Kazantzakis hat auf seinem Grabstein einen Spruch einmeißeln lassen, der diese aus Verlusten erwachsende, stufenweise zu erobernde Souveränität ebenfalls auszudrücken versucht:

Ich wünsche nichts,
ich fürchte nichts,
ich bin frei.

Genaugenommen müsste der Spruch ein wenig modifiziert lauten:

* Aus „Tri-Bühne", Zeitung der Schüler, Eltern und Lehrer des Kleinen privaten Lehrinstituts Derksen, München 1984.

Ich wünsche nichts für mich,
ich fürchte nicht um mich,
ich bin frei für das Wesentliche.

Ein leidender Mensch, der sich aus seinem Unglück heraus zu solchen Worten aufschwingen kann, hat seinem Leiden mehr Sinn abgerungen, als ein alles Glück der Welt besitzender Mensch in seinem Genuss jemals finden kann.

Zusammenfassung

Die Verneinung des Lebens hängt damit zusammen, dass das Leben nicht als sinnvoll betrachtet und bewertet wird. Dies ist häufig in einem Leidenszustand der Fall. Denn das Leid ist nichts anderes als eine erfahrene Sinnwidrigkeit. Wenn wir angegriffen werden, gedemütigt, gequält, verspottet, betrogen und gehasst, können wir darin beim besten Willen keinen Sinn erkennen. Wenn das Schicksal zuschlägt und uns einen lieben Menschen raubt oder uns selber mitten im Leben durch eine Krankheit niederwirft, können wir dies auch nicht als sinnvoll verstehen. Aber die Antwort ist unser, die Antwort ist frei. Wer sagt, dass nicht eine sinnvolle Antwort auf ein scheinbar sinnwidriges Schicksal gegeben werden kann? Wer sagt, dass nicht der verborgene Sinn des Leidens gerade darin liegt, eine sinnvolle Antwort zu provozieren, aus uns herauszulocken, eine Antwort, so großartig und heroisch, wie wir sie ohne diese „Provokation" durch das Leid nie gegeben hätten? Wo Rachegefühle in uns sprießen müssten, kann Feindesliebe entstehen; wo ein Armwerden durch Verluste stattfinden müsste, kann sich Reichtum durch inneres Wachsen ausbreiten. „Nicht im Dass, im Wie des Leidens liegt der Sinn des Leidens“, schrieb Viktor E. Frankl in seinen Schriften.

Wer dem zustimmt, ist vor der pathogenen Trostlosigkeit der Lebensverneinung auch dann noch gefeit, wenn das Leben schwer zu ertragen ist. Nicht der zu ertragenden Schwere wird sein Ja gehören, aber dem Leben wird sein Ja gehören – trotz aller Schwere.

2. Argumentation: Sinn trotz Schuld?

In den Schriften des römischen Philosophen Boethius, der ca. 480 nach Christi geboren wurde, steht zu lesen:*

Schicksal findet im Bereich des Stofflichen statt; es ist der Bereich der mechanischen, wir können auch sagen, der naturwissenschaftlich fassbaren Ursachen. Im Bereich des Geistigen und Sittlichen herrscht nicht Schicksal, sondern Sinn, nicht Zwang der mechanischen Ursache, sondern Freiheit, die der Einsicht folgt. Freilich kann sich der Mensch, sofern er in das Stoffliche hineinreicht, nie ganz den mechanischen Ursachen und dem Schicksal entziehen. Seine Freiheit ist in jedem Falle beschränkt. Das Mehr oder Weniger ist das Entscheidende. Und so käme es auch hier wieder darauf an, worin der Mensch in der Hauptsache sein Leben lebt.

* Boethius, Trost der Philosophie, Reclam, Stuttgart, 1971, S. 32.

Diese höchst logotherapeutisch anmutende Aussage hat seit mehr als 1500 Jahren nichts an Aktualität eingebüßt. Das Mehr oder Weniger menschlichen Handelns ist und bleibt das Entscheidende – was uns im Zeitalter globaler Gefahren täglich bewusster wird. Demnach fängt das eigentlich Interessante, auf das sich unsere volle Konzentration und Aufmerksamkeit richten sollte, überhaupt erst jenseits des schicksalhaften Bereichs an, jenseits des Stofflichen und der naturwissenschaftlich fassbaren Ursachen, wie Boethius es ausgedrückt hat. Nicht die Erforschung von Tatsachen allein ist schon wegweisend, sondern die Erforschung von Möglichkeiten, die sich aus und angesichts bestehender Tatsachen ergeben, die uns in dem kleinen Spielraum an beschränkter Freiheit jenseits des Schicksalhaften offen stehen. Sie weist auf das zu Gehende unter dem Gangbaren hin. Einzig die Erforschung von Möglichkeiten fördert das Sinnmögliche zu Tage. Wer auf Tatsachen schaut und negative Tatsachen vorfindet, seien sie außerhalb oder innerhalb seiner selbst gelegen, wird sich immer verleitet fühlen zur Verneinung eines Lebens, in dem solche negativen Tatsachen ihre Zulassung finden. Wer jedoch über die reinen Tatsachen, über die Realität hinaus in die Potentialität hineinschaut, der wird zu seinem Staunen erkennen, dass sich auf jede negative Tatsache eine positive Antwort geben lässt; dass sich auf jede Sinnwidrigkeit sinnvoll reagieren lässt, ja, dass nichts in der Welt so schlecht oder so falsch sein kann, dass nicht irgendetwas Gutes daraus hervorgehen könnte.

Schließen wir an ein grafisches Modell an, das wir bereits zum Thema: „Feindesliebe“ entwickelt haben:

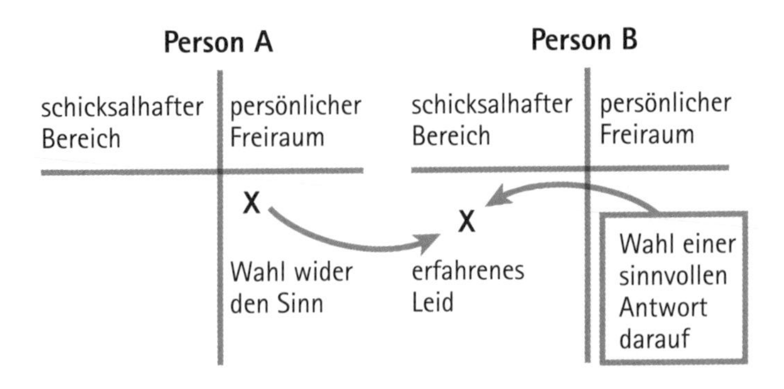

Eine Person A kränkt oder verletzt eine Person B, das heißt, sie wählt unter ihren Handlungsmöglichkeiten eine sinnwidrige aus, sie trifft eine „Wahl wider den Sinn“. Vielleicht tut sie es in Reaktion auf eine selber erfahrene Kränkung oder Verletzung im schicksalhaften Bereich, doch dies soll uns jetzt nicht beschäftigen. Wir wenden uns der Person B zu. Für die Person B wird die „Wahl wider den Sinn“, die die Person A getroffen hat, zum schicksalhaft erfahrenen Leid. Die Person B trägt den Schmerz über eine negative Tatsache in der Welt. Aber sie ist frei, darauf eine sinnvolle Antwort zu geben, etwa derart, dass sie ihre Gesprächsbereitschaft und Versöhnlichkeit der Person A gegenüber erhält. Was deren Hass in heilsame Beschämung und Feindschaft in Freundschaft verwandeln kann.

Betrachten wir jetzt wieder die Person A. Sie fügt mit ihrer „Wahl wider den Sinn“ nicht nur der Person B einen Schmerz zu. Sie fügt auch sich selber Schmerz zu. Wieso das? Nun, alles, was von uns ausgeht, formt unser Sein. Wenn eine Frau an ihrem Mann herumnörgelt, ist sie eine nörglerische Frau. Wenn ein Mann seiner Frau Gewalt antut, ist er ein gewalttätiger Mann. Wenn eine Mutter lieb zu ihren Kindern ist, ist sie eine liebevolle Mutter. Wenn ein Mann seinen Eltern dankt, ist er ein dankbarer Sohn. Alle unsere Handlungen sind Akte der Selbstgestaltung, wir modellieren unser eigenes Selbst ins Sein. Es gilt daher nicht nur, dass wir stets entscheiden, wie wir auf Erfahrenes reagieren, es gilt auch, dass wir mit unseren Reaktionen stets etwas Neues über uns selbst entscheiden. Stets ist es gleichsam „unser Kleid", das wir uns anziehen, wenn wir Anderen gegenüber handeln. Was bedeutet, dass alles Gute, das von uns ausgeht, nicht nur demjenigen wohltut, der es empfängt, sondern zugleich unserer eigenen „Personenbeschreibung" etwas Gutes zufügt, unser So-Sein im Guten beeinflusst. Indem wir Gutes wirken, verwirklichen wir uns selbst im Guten. Und umgekehrt.

Dadurch kommt die Paradoxie zustande, dass nicht die Impulse, die aus der Umwelt auf uns einströmen, uns prägen – auf sie können wir ja unterschiedlich reagieren –, sondern dass die *von uns in die Umwelt ausströmenden Impulse uns prägen.* Ein Leid, das wir empfangen, muss uns nicht böse machen, wie wir gehört haben, aber ein Leid, das wir erzeugen, macht uns böse. Es macht uns schuldig. Womit wir bei der Frage angelangt sind, ob Sinn trotz Schuld denkbar ist? Und so wollen wir denn unser Modell noch ein wenig weiterentwickeln.

Die Person A, die die Person B gekränkt oder verletzt hat, hat sich dabei selber, um im Gleichnis zu sprechen, ein „hässliches Kleid" angezogen. Sie hat nicht bloß eine Leiderfahrung in den schicksalhaften Bereich der Person B hineingebracht (vgl. die nachstehende Zeichnung rechts oben), sie hat auch eine begangene Schuld in ihren eigenen schicksalhaften Bereich hinein „geladen" (vgl. die Zeichnung links unten).

Dasselbe gilt selbstverständlich auch, wenn es sich nicht um eine andere Person, sondern um Dinge, Pflanzen, Tiere, Werke und Aufgaben handelt, denen man in irgendeiner Form nicht gerecht geworden ist, oder die man geschädigt hat. Schuld ist die Wahl der weniger sinnvollen Möglichkeit unter den jeweiligen Möglichkeiten des persönlichen Freiraums, die einem offen gestanden sind. Schuld ist das Mehr oder Weniger, auf das es angekommen wäre, wenn man es verwirklicht hätte. Schuld ist ein Sinn-Versäumnis, das – einmal historisch geworden – ins Schicksalhafte geronnen ist. Da liegt es nun, nicht mehr im persönlichen Freiraum eines Menschen; zu dessen Schicksal geworden.

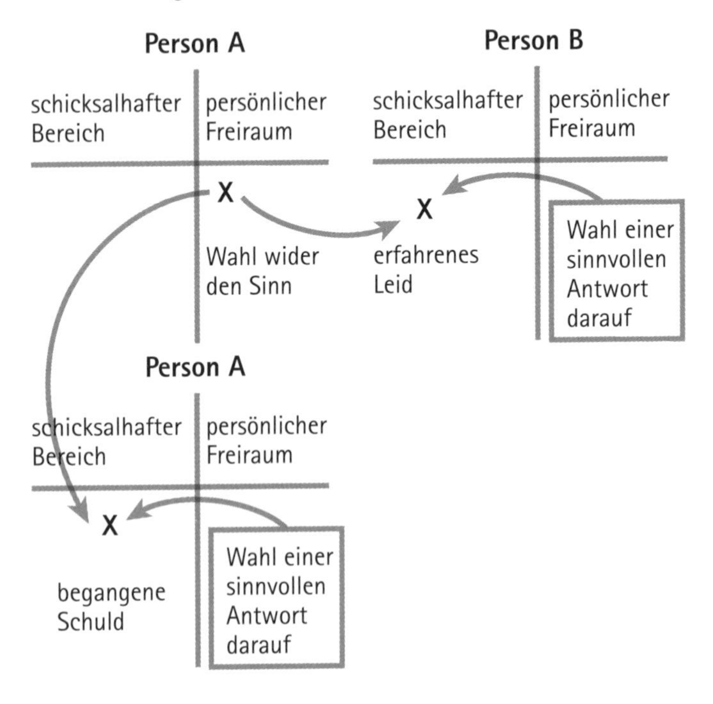

Aber jenseits des schicksalhaften Bereichs keimt neue Freiheit, sprossen neue Wahlmöglichkeiten. Auch gegenüber begangener Schuld gibt es wieder die Möglichkeit, eine sinnvolle Antwort zu wählen, sinnvoll darauf zu reagieren. Wie aus Leid Leistung werden kann, kann aus Schuld Wandlung werden. Wie der Leidende hellsichtig werden kann, so hellsichtig, dass er die Wunden seiner Peiniger gar erkennt und kraft dieser Erkenntnis sein Leben verändert, so kann für den Schuldigen die Schuld Angel- und Drehpunkt seiner Selbstveränderung werden, seiner moralischen Wiedergeburt, wie Viktor E. Frankl es genannt hat:*

Betrachten wir etwa die Affekte der Trauer und der Reue: vom utilitaristischen Standpunkt müssen beide sinnlos erscheinen. Denn etwas unwiederbringlich Verlorenes zu betrauern muss vom Standpunkt des „gesunden Menschenverstandes" ebenso unnütz und sinnwidrig erscheinen wie etwas untilgbar Verschuldetes zu bereuen. Aber in der inneren Geschichte des Menschen haben Trauer und Reue ihren Sinn. Die Trauer um einen Menschen, den wir geliebt und verloren haben, lässt ihn irgendwie weiterleben, und die Reue des Schuldigen lässt diesen von Schuld befreit irgendwie auferstehen. Der Gegenstand unserer Liebe bzw. unserer Trauer, der objektiv, in der empirischen Zeit, verlorenging, wird subjektiv, in der inneren Zeit, aufbewahrt: die Trauer vergegenwärtigt ihn. Die Reue jedoch vermag, wie Scheler gezeigt hat, eine Schuld zu tilgen: zwar wird die Schuld nicht von ihrem Träger genommen, aber dieser Träger selber – durch seine moralische Wiedergeburt – gleichsam aufgehoben.

* Viktor E. Frankl, Ärztliche Seelsorge, dtv München, [6]2007, S. 159.

Damit zeigte Viktor E. Frankl auf, dass nichts auf der Welt, nicht einmal ein Trauerfall oder eine tragische menschliche Verfehlung, Anlass zu Hoffnungslosigkeit und Verzweiflung bietet, weil bei aller Tragik die Hoffnung bestehen bleibt, dass etwas Sinnvolles daraus erwächst. Sogar aus etwas so Entsetzlichem wie zum Beispiel dem Abwurf der Atombomben auf Japan Ende des 2. Weltkrieges könnte noch Sinnvolles erwachsen, wenn sich die Menschheit, vom Gewesenen erschüttert, dazu durchringen würde, Atomwaffen endgültig abzuschaffen. Sollte dies geschehen, wäre damit die Tat des Abwurfs keinesfalls gerechtfertigt – was sinnwidrig ist, ist es ein- für allemal –, doch die Menschheit hätte ein Sinn-Versäumnis nachgeholt; sie wäre eine bessere geworden. Vielleicht bildet sich diese nie versiegende Hoffnung, dass noch Gutes werden kann, diese bedingungslos geschenkte Möglichkeit, dass auf die sinnwidrigste Bedingung noch sinnvoll geantwortet werden kann, bei spirituell empfindsamen Menschen in der Überzeugung ab, dass der Schöpfer seine Geschöpfe nicht fallen lässt, dass sie sich mitsamt ihren Schwächen von ihm angenommen wissen dürfen.

Bevor wir uns im Folgenden überlegen, auf welch verschiedene Arten die Reue als „Tilgungskraft der Schuld" im Alltagsleben konkretisiert werden kann, seien noch ein paar Anmerkungen zum Schuldbegriff vorgeschoben.

1) Das Vorhandensein von Schuld ist nicht identisch mit dem Vorhandensein von Schuld*gefühlen*. Es gibt seelische Krankheiten wie endogene Depressionen oder Zwangsstörungen, die irrationale Schuldgefühle mit sich bringen und den Patienten die Unterscheidung zwischen Schuld

und Schuldlosigkeit erschweren. Wenn wir also hier Überlegungen zur Bewältigung der Schuldproblematik anstellen, ist immer die Bewältigung einer echten, einer „existentiellen" Schuld (Frankl) gemeint, und nicht etwa der therapeutische Umgang mit krankhaften Schuldgefühlen, welcher ärztlich-psychologische Spezialkenntnisse erfordert.

2) Es gibt psychophysische Ursachen, die die Schuldfähigkeit eines Menschen einschränken oder gar ausschalten. Dazu zählen kindliche Unreife, extreme Panikzustände, psychotische Schübe, Einwirkungen von Drogen, Hirnschäden oder Altersdemenz. Daher kann die gleiche Tat bzw. Untat, etwa ein Mord, von einem schuldunfähigen oder von einem schuldfähigen Menschen begangen werden. Im ersten Fall trifft dieser Mensch keine Entscheidung. Genauer gesagt, er kann aus einem der vorhin aufgezählten Gründe keine Entscheidung treffen und handelt blindlings getrieben wie ein Tier, dessen Verhalten ja auch jenseits von Gut und Böse steht. Im zweiten Fall trifft dieser Mensch nicht „keine", sondern „eine falsche Entscheidung", er entscheidet sich wider den Sinn.

3) Es ist allerdings zu warnen vor jeder vorschnellen Schuldfähigkeitsabsprechung, die stets einer geistigen Entmündigung gleich kommt. Wer zum Beispiel einem Mörder einreden wollte, dass aus ihm nichts anderes hat werden können als ein Mörder, weil er aus einem „Broken-home-Milieu" stammt oder ein Elternteil von ihm kriminell war, der würde ihm keinen guten Dienst erweisen. Es wäre des Mörders schlimmste Verurteilung, nämlich seine

Identifizierung mit einem seelen- und willenlosen Reaktionsautomaten (der er sicher nicht ist). Nicht einmal bei psychotisch Kranken ist es medizinisch und ethisch haltbar, ihnen jedweden Entscheidungsspielraum abzusprechen. Wurde doch in psychiatrischen Kliniken wiederholt beobachtet, dass die Kranken im Zuge ihrer unkontrollierten Wutanfälle Tische und Stühle zertrümmern, aber kaum je den Fernsehapparat in der Ecke, was beweist, dass noch ein Minimum an Eigenkontrolle vorhanden sein muss.

Wenn wir somit von den irrationalen Schuldgefühlen absehen, die mit echter Schuld nichts zu tun haben, und wenn wir von den Ausnahmezuständen absehen, in denen ein Mensch geistig blockiert, und das heißt schuldunfähig ist, dann bleibt das weite Feld menschlicher Verfehlungen und falscher Entscheidungen übrig, die einer Sinnantwort harren. Eine solche Sinnantwort kann nur auf der Schiene der *Wiedergutmachung* laufen, wobei wir in der Logotherapie drei Wege der Wiedergutmachung unterscheiden. Und zwar 1. die Wiedergutmachung an demselben Objekt/Subjekt, an dem man schuldig geworden ist, 2. die Wiedergutmachung an einem anderen Objekt/Subjekt als dem, an dem man schuldig geworden ist, und 3. die Wiedergutmachung durch innere Wandlung, die das irregeleitete Selbst wieder gut macht.*

* Vgl. dazu: Elisabeth Lukas, Rendezvous mit dem Leben, topos plus, Kevelaer, 2015, S. 129 ff.

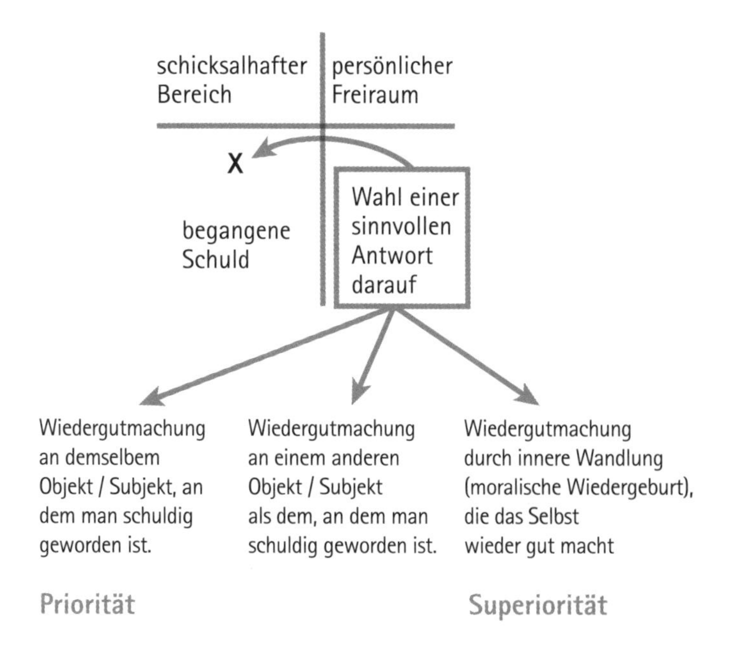

Sehen wir uns diese drei Wege im Einzelnen an und beginnen wir bei der Wiedergutmachung an demselben Objekt/Subjekt, an dem man schuldig geworden ist. Sie hat die absolute Priorität. Der Schaden, der verursacht worden ist, soll ausgeglichen werden. Dies ist u. a. ein wichtiger pädagogischer Aspekt in der Kindererziehung. Wie geht man mit Diebstählen oder mutwilligen Sachbeschädigungen von Kindern um? Durch Schimpfen, Strafen, Toben oder durch Augen-Zudrücken und Ignorieren wird nichts besser. Sinnvoller ist es, mit den Kindern sachlich darüber zu sprechen und die Wiedergutmachung vorzuexerzieren bzw. gemeinsam mit den Kindern durchzuführen. Danach sollte man die wiedergutgemachte

Angelegenheit aber auch wirklich gut sein lassen und nicht bei gegebenem Anlass wieder aufwärmen.

Ein Beispiel: Ein Kind hat das Blumenbeet in Nachbars Garten zertrampelt. Die Mutter geht mit dem Kind zum Nachbarn, bei dem es seine Entschuldigung vorbringen kann – verbunden mit dem Angebot, von seinem Taschengeld ein Säckchen Blumenzwiebeln zu kaufen und diese im zerstörten Beet einzupflanzen. Wenn der Nachbar vernünftig ist, wird er das Angebot des Kindes bereitwillig annehmen und dadurch dem Kind die Chance geben, einen neuen und positiven Bezug zu Erde und Pflanzen zu gewinnen. Das Fehlverhalten des Kindes würde dann über die Wiedergutmachung rückwirkend noch eine zusätzliche Sinndimension erhalten.

Ähnliches gilt für den gesamten zwischenmenschlichen Bereich, für Ehe, Familie und Kollegenschaft, wobei sich die Frage stellt, was man aus erteilten – nicht erfahrenen, sondern ausgeteilten! – Kränkungen und Schädigungen an Reparatur und Neubeginn herausholt. Oft wird aus Verlegenheit und Scham gar nicht reagiert. Man tut, als wäre nichts gewesen, oder man schiebt dem Opfer eine gewisse Mitschuld zu, was bloß das eigene schlechte Gewissen übertünchen soll. Doch lässt sich das Gewissen nicht so einfach belügen; weswegen es auch im Interesse der eigenen Psychohygiene wichtig ist, den Mut aufzubringen, seine Fehler ohne Ausrede einzugestehen und sich bei demjenigen, den man gekränkt oder geschädigt hat, zu entschuldigen und ihm eine Wiedergutmachung des Schadens anzubieten. Dies verlangt keine Unterwürfigkeit oder Demonstration von Zerknirschtheit, sondern schlichtweg: Ehrlichkeit. Eine Ehrlichkeit, die entwaffnet, man könnte sagen, eine friedenstiftende Ehrlichkeit.

Das alles ist im Prinzip hinreichend bekannt, doch wissen wir aus der Psychologie, dass speziell Personen mit Minderwertigkeitsgefühlen große Schwierigkeiten haben, ein Versagen zuzugeben. Sie stehen daher mit ihren Schuldgefühlen oft hilflos da, was ihre Minderwertigkeitsgefühle noch verstärkt und sie selbst in einen „Teufelskreis" verstrickt. Personen mit Minderwertigkeitsgefühlen müssen folglich zweierlei lernen: *das Würdigen ihrer Leistungen und das Eingestehen ihrer Fehler.* Nur über diesen doppelten Lernzuwachs wird es ihnen leichter, ihre Minderwertigkeitsgefühle allmählich abzulegen und Zutrauen zu ihren eigenen Kräften zu fassen – zu den heilen Kräften in ihnen, dank derer sie eben Leistungen zu erbringen vermögen, und zu den heilenden Kräften in ihnen, dank derer sie Fehlleistungen wieder auszugleichen vermögen. Auch in dieser Hinsicht würde die durch Bekenntnis und Wiedergutmachung ausgeglichene Fehlleistung, wenn sie zum Abbau von Minderwertigkeitsgefühlen führt, rückwirkend noch eine Sinndimension erhalten.

Zusammenfassend lässt sich mit Recht behaupten, dass die Wiedergutmachung an demselben Objekt/Subjekt, an dem man schuldig geworden ist, das Beschädigte und den Beschädiger wieder „in Ordnung bringt", ja manchmal sogar den Beschädiger darüber hinaus noch belohnt.

Kommen wir damit zur Wiedergutmachung an einem anderen Objekt/Subjekt als dem, an dem man schuldig geworden ist. Eine Wiedergutmachung, die dann anzustreben ist, wenn es etwas gibt, das nicht mehr „in Ordnung gebracht" werden kann. Jemand hat im Zuge eines Streites einem Anderen ein Auge ausgeschlagen. Ein Kind wurde seinen Eltern wegen Kindsmisshandlung weggenommen und kam ins

Heim. Ein Unternehmer hat das Vermögen seiner Geschäftspartner aufs Spiel gesetzt und verloren. Weder das Auge, noch die unbeschwerte Kindheit, noch das Vermögen können mehr zurückgegeben werden. Der Schaden bleibt unbehebbar.

Aber ist auch die Schuld untilgbar? Wenn es unser Glaube ist, dass die Reue Schuld tilgt, wie könnte dann eine sinnvolle Reue in den aufgezählten Fällen aussehen? Gewiss nicht in Form von Selbstanklage und Selbstbestrafung. Beides würde den Schaden nur noch vergrößern. Aber auch nicht in Form eines stillen Beklagens des Geschehenen; das wäre denn doch zu einfach. Echte Reue ist tätig. Echte Reue ist ein „intentionaler Akt" (Frankl), und das, was da mit reuigem Herzen intendiert, also zutiefst gewollt wird, ist *ein gutes Werk um seiner selbst willen.*

Der Schuldige, einst Initiator eines schlechten Werkes, wird zum Reuigen, dem Initiator eines guten Werkes. Die Waagschalen kommen wieder in ihre Balance. Der körperverletzende Schläger, die misshandelnden Eltern, der veruntreuende Unternehmer, sie alle haben vielfache Gelegenheiten, neue, schuldtilgende und sinnorientierte Initiativen zu setzen. Der einstige Schläger kann beispielsweise eine Blindenvereinigung tatkräftig unterstützen, was ihren Mitgliedern nützlich wäre. Die Eltern können sich dem Kinderschutzbund zur Verfügung stellen, um mit der Argumentationskraft Selbst-Betroffener andere Eltern von ähnlichen Affekthandlungen abzuhalten. Der Unternehmer kann seine betriebswirtschaftlichen Kenntnisse dafür verwenden, junge, talentierte Aufsteiger zu beraten und vor Risiken zu warnen.

Dieser Gedanke ist wertvoll bei jeder Art von Rehabilitation und Bewährungshilfe. Darf die abgeschlossene und abgeurteilte Verfehlung zur Ursache eines verpfuschten Lebens werden? Genau das Gegenteil hat zu geschehen: die Verfehlung sollte zur Grundlage eines besseren Lebens werden.

„Ist das eine tragende Grundlage?“ wird oft gefragt. „Warum nicht?“ frage ich zurück. Es ist eine Grundlage, auf der mehr „Grund“ zum Gutsein „liegt“, als auf jeder anderen. Und wer einen Grund zum Gutsein entdeckt, hat sich fast schon dafür entschieden. In diesem Kontext wird verständlich, dass ich im Strafvollzug weniger das Modell „Therapie statt Strafe“ favorisiere – zumal Kriminalität ein metaklinisches Problem darstellt, das als solches untherapierbar ist –, als das Modell „Engagement statt Strafe“. Freilich stößt es an Grenzen, Engagement sozusagen über einen Menschen zu verhängen, es ihm mit Nachdruck abzuverlangen. Und doch besteht die Chance, dass er während des zu erbringenden Engagements das Auspendeln der Waagschalen spürt und von seiner wiedergutgemachten Schuld befreit aufersteht. Experimentelle Versuche aus Österreich, Autofahrer, die in betrunkenem Zustand einen Unfall verursacht haben, zu einer befristeten aber durchaus aktiven Mithilfe in Unfallkrankenhäusern zu „verdonnern“, legen mit ihrer überraschend hohen Erfolgsquote nahe, dass das Modell „Engagement statt Strafe“ das erfolgversprechendste der Zukunft ist.

Daneben gibt es einen weiteren großen Bereich, der ähnlicher Schuldbearbeitung harrt. Es ist der Bereich der Psychosomatik, innerhalb dem nicht selten ein Faktor mit hineinverwoben ist, den Viktor E. Frankl „negative Gewissensangst“ genannt hat.*

---

* Viktor E. Frankl, Psychotherapie für den Alltag, Herder, Freiburg, Jubiläumsausgabe 2007, S. 61ff.

Eine negative Gewissensangst bezieht sich nicht auf Fehltaten oder Untaten, die man begangen hat, sondern auf richtige und wichtige Taten, die man *versäumt* hat. Auf verpasste Gelegenheiten sinnvollen Wirkens, die vorübergegangen sind und nie mehr wiederkehren. Es ist dabei nichts wirklich Böses in die Welt hineingeschafft worden, doch es hätte Chancen zum Guten gegeben, die der Welt vorenthalten worden sind. Jedes „existentielle Vakuum", wie Viktor E. Frankl es nannte, jede Lebensphase, in der sich innere Leere, Langeweile und Überdruss breitmachen, geht mit Sinnversäumnissen einher. Auch jedes Versinken in Scheinwelten, wie wir es heute zunehmend beobachten, hat etwas mit Schuldigwerden im Abbild „negativer Gewissensangst" zu tun. Beschäftigen sich doch ganze Bevölkerungsschichten nachgewiesenermaßen mehr Stunden täglich mit Phantasiegeschichten vom Bildschirm, als mit realen Entwicklungen der Gesellschaft, der sie zugehören.

Welche Verbindung besteht aber zwischen den Versäumnissen und Unterlassungen einerseits und psychosomatischen Krankheiten andererseits? Die Verbindung ist leicht herstellbar. Wer Vertanem traurig passiv nachhängt, fügt dem Vertanen neuerlich Vertanes hinzu: die Möglichkeiten der Gegenwart werden nicht ausgeschöpft. Wer Möglichkeiten der Gegenwart nicht ausschöpft, verliert Ausschöpfungskräfte. Alle nicht gebrauchten Glieder werden schwach; und analog dezimieren sich geistige Ressourcen ungebraucht. Wer Kräfte verliert, hat wiederum keinen Widerstand gegen Krankheit und Siechtum; aus Einzelanfällen wird chronisches Leiden. In großen Prozentsätzen finden wir bei psychosomatisch chronisch Kranken ein diffuses Schuldgefühl, nicht mehr aus ihrem Leben gemacht zu haben, und in

Reaktion darauf eine Lähmung der Bereitschaft, aus dem Rest ihres Lebens noch etwas zu machen.

Wo ist der Ausweg? Er lautet: Wiedergutmachung an einem anderen Objekt als dem, an dem man schuldig geworden ist. Wieder gilt es, diesmal auf der Grundlage einer „negativen Gewissensangst", Eigeninitiative und Engagement aufzubauen, weil gerade auf dieser Grundlage dringende und drängende Gründe liegen, endlich die sinnträchtigen Möglichkeiten der Gegenwart in die Tat umzusetzen und sie damit vor ihrer „Flüchtigkeit" zu bewahren. Sie davor zu bewahren, dass sie zu jenen anderen ungenützt vergangenen Möglichkeiten „flüchten", die zerronnen sind zu nichts. Auch hier steht die Impression einer Waage im Hintergrund, und es scheint mindestens so schwer zu sein, eine leere Waagschale aufzuwiegen, wie eine, die sich unter der Last einer Untat beugt. So schwer, aber auch so gnadenvoll, wenn es gelingt. Alles Gute, das ein Mensch irgendwann einmal irgendwo für irgendetwas oder irgendjemanden eingebracht hat, gibt ihm selber *Halt* und seinem Leben *Inhalt*. Und wenn der Volksmund meint: „Ein gutes Gewissen ist ein sanftes Ruhekissen", so können wir aus psychologischer Sicht ergänzen: „Auf diesem Ruhekissen hat sich schon manch psychosomatisch Kranker gesund geschlafen."

Doch nicht immer ist ein solches „Ruhekissen" mehr erwerbbar. Wenden wir uns jetzt dem Fall zu, dass weder eine Wiedergutmachung an demselben Objekt/Subjekt, an dem man schuldig geworden ist, noch eine Wiedergutmachung an einem anderen Objekt/Subjekt als dem, an dem man schuldig geworden ist, mehr möglich ist. Damit wenden wir uns konkret der Sterbebegleitung zu. Das letzte Wegstück eines Menschen ist häufig gekennzeichnet durch Behinderungen aller Art, durch

Hilflosigkeit, Ohnmacht und Einsamkeit, was den Radius für Eigeninitiativen und Engagement schrumpfen lässt. Es kann Stunden oder Monate lang dauern, Zeit ist nicht mehr relevant. Der menschliche Geist lockert seine Zeit- und Raum-Verhaftung, doch was ihn aufhält, sind unerledigte Angelegenheiten, ist die unvollendete Seinsgestalt, ist die Kluft zwischen dem Selbst, wie es „gemeint" war, und dem Selbst, wie es geworden ist. Nur eine innere Wandlung kann diese Kluft noch schließen.

Aber eine innere Wandlung kann noch mehr. Sie kann begangene Schuld tilgen, weil auch sie etwas „wieder gut macht": Das Selbst des schuldig gewordenen Menschen wird wieder gut. Indem ihm leid tut, was er falsch gemacht hat, indem er an dem Falschgemachten leidet, schmiedet er sich gleichsam um zu einem Menschen, der dasselbe nicht mehr falsch machen würde, stünde er nochmals in derselben Situation. Er wird ein Anderer, er geht aus der durchlittenen Reue als ein Anderer hervor als der, der er gewesen ist. Das späte, aber immerhin noch stattfindende Ja zu einer sinnvollen Entscheidung, die einmal *nicht* getroffen worden ist, ist selber und seinerseits eine sinnvolle Entscheidung und durchflutet das Gewesene rückwirkend mit Sinn.

So ist es wichtig, das reuige In-sich-Gehen in der letzten Lebensphase bei einem Menschen zuzulassen, ernst zu nehmen und gedanklich mit Optimismus und Befriedigung zu verknüpfen. Denn es handelt sich um das Erklimmen einer höheren Entwicklungsstufe, um den Aufstieg zu einer vollkommeneren Seinsgestalt, der in einer letzten Anstrengung gewagt wird. Ein Mensch, der sein Selbst wieder gut gemacht hat, kann in Frieden Abschied nehmen, weswegen dieser Art von Wiedergutmachung unter den aufgezählten Formen die Superiorität zukommt.

Dazu ein Fallbeispiel aus meiner Praxis. Ein Mann hatte zwei Töchter. Eine davon hatte er stets abgelehnt, was auf eine lange Vorgeschichte zurückging. Seine Frau und er hatten nämlich zur Zeit der Zeugung und Geburt dieser Tochter heftige Ehezerwürfnisse, und obwohl sich die Ehe später wieder einrenkte, war sich der Mann nie sicher, ob diese Tochter auch wirklich von ihm war. Die andere Tochter hatte er im Unterschied dazu sehr gefördert und geliebt.

Eines Tages erlitt der Mann einen Herzinfarkt. Als er im Krankenhaus lag, erkundigte sich seine Lieblingstochter kaum nach seinem Befinden, während ihn die andere Tochter regelmäßig besuchte. Das ließ Schuldgefühle in ihm hochkommen. War doch diese von ihm abgelehnte Tochter unbeteiligt am ehelichen Zwist gewesen und dennoch zur Leidtragenden geworden! Und nun war ausgerechnet sie, die ungerechtfertigt hatte büßen müssen, seine Stütze und Freude – er begann sich zu schämen.

Da er mich von früher her kannte, bat er mich zu einem Gespräch ins Krankenhaus. Meine Beratung bestand darin, dem Mann zu vermitteln, welch großes Glück es bedeutete, dass sein ,,Beschämungserlebnis" noch vor seinem Tod eingetreten war. Denn wäre er anlässlich des Herzinfarktes gestorben, wäre es bei der Ablehnung einer seiner Töchter geblieben, und er wäre „hinübergegangen" als ein Vater, *der zwei Töchter hat, und eine liebt.* So aber, von seinem Schuldgefühl innerlich wachgerüttelt, konnte er noch zu einem Vater werden, *der zwei Töchter hat und beide liebt.* Und sollte er die von ihm ungerecht behandelte Tochter bloß in den letzten fünf Tagen seines Lebens lieben, würde er dennoch als ein Anderer sterben als der, als der er viele Jahre gelebt hat.

Eine lange und intensiver Aussprache des Mannes mit seiner ehemals abgelehnten Tochter, ein ehrlicher Bekenntnis- und Reueakt, der noch vor einem zweiten, diesmal tödlichen Herzinfarkt stattfand, bewies, dass meine Argumente auf ein offenes Ohr und ein empfängliches Gemüt gestoßen waren. Der Mann starb mit sich selbst versöhnt, und die Tochter, die ihn trotz allem gerne gemocht und ihm verständnisvoll verziehen hatte, behielt ihn in guter Erinnerung. Was nicht zuletzt die Richtigkeit der logotherapeutischen Kernthese bestätigt, die besagt:

Ändern kann man immer nur sich selber. Sich selber aber immer.

Und „immer" heißt buchstäblich „noch auf dem Totenbett". Womit ich die Frage, ob Sinn trotz Schuld, bzw. ob Sinnfindung trotz Schuldigwerdung möglich ist, abschließend beantworten möchte mit einem Spruch, den ich einer Grußkarte entnommen habe. Er lautet:

Was du bist, ist Gottes Geschenk für dich. Was du aus dir machst, ist dein Geschenk für Gott.

Dem braucht nur noch hinzugefügt zu werden: Auch was du aus deiner Schuld machst, ist dein Geschenk für Gott ...

3. Argumentation: Sinn trotz Tod?

Wir sind davon ausgegangen, dass das Nein zum Leben nur dann zu überwinden ist, wenn das Leben als bedingungslos sinnvoll verstanden werden kann. Als sinnvoll trotz Leid, trotz Schuld und trotz seiner Vergänglichkeit. In letzter Instanz ist

Versöhnung nur möglich, wenn sie auch noch eine Versöhnung mit dem Tod ist. Und so fragen wir denn jetzt, wie der Mensch die Tatsache seiner Vergänglichkeit zu verarbeiten und zu bewältigen vermag. Die Frage, die wir hier stellen, ist nicht die Frage nach der *Vergangenheitsbewältigung*, also nach der Bewältigung desjenigen, was in der eigenen Lebensvergangenheit geschehen ist, sondern die Frage nach der *Vergänglichkeitsbewältigung*, also nach der Bewältigung des Wissens um die Begrenztheit des Lebens, einem Wissen, mit dem wir durchs ganze Leben gehen. Der Mensch ist das einzige Lebewesen, das wir kennen, das um seine Endlichkeit weiß. Das weiß, dass es einmal Abschied nehmen muss von dieser Welt. Und nicht nur dies. Der Mensch weiß sogar, dass das Leben eigentlich ein ständiges Abschiednehmen ist, weil uns jeder gelebte Augenblick hinwegstirbt und nie mehr wieder kommt. Das Leben verrinnt im Zeitfluss.

Die Frage nach der Vergänglichkeitsbewältigung ist mithin die Frage, ob das Leben nicht deswegen sinnlos ist, weil sowieso alles zugrunde geht, inklusive unserem eigenen Dasein? Viktor E. Frankl, der nicht nur ein Psychiater und Neurologe, sondern auch ein großer Philosoph war, hat bemerkenswerte Antworten zu dieser Frage entwickelt, von denen einige hier vorgestellt werden sollen.

Da ist zunächst einmal ein Gedanke: Was geschähe, wenn unser Leben zeitlich unbegrenzt wäre? Wenn es keinen Tod gäbe? Nun, dann könnte man jede Handlung ins Unendliche aufschieben. Nichts müsste man heute tun, alles könnte ja auch morgen oder übermorgen getan werden. Niemand müsste sich zum Beispiel zu einer bestimmten Weiterbildung aufraffen, denn jeder könnte dieselbe Weiterbildung auch in 500 oder in 1000 Jahren absolvieren. Es bestünde keinerlei

Notwendigkeit, etwas heute zu erledigen, und das heißt, man würde wahrscheinlich überhaupt nichts tun! Einzig die Begrenztheit des Lebens zwingt uns, was immer wir erledigen wollen, zu erledigen, weil wir nie wissen, ob noch Zeit dazu ist; ohne diese Begrenztheit wären wir völlig antriebslos und blockiert. Es stellt sich heraus, dass der Tod der *Antrieb zum Leben* ist, der Motor, der uns veranlasst, Taten zu setzen.

Es gab einmal einen Science-Fiction-Roman, der davon ausging, dass ein Serum gegen das Altern gefunden worden war, und dass auch alle Krankheiten ausgerottet waren. Die Menschen konnten nur noch durch einen Unfall sterben. Die Folge, die der Autor voraussah, war, dass sich niemand mehr aus dem Haus wagte, und dass sich die meisten Menschen nicht einmal mehr aus dem Bette rührten vor lauter Angst, sie könnten durch irgendeinen dummen Zufall zu Tode kommen. Je mehr „Unsterblichkeit" sie hatten, desto weniger lebten sie! Das Fazit der Geschichte war, dass ein unsterbliches Leben kein Leben mehr wäre.

Viktor E. Frankl meinte dazu, dass der Tod das Leben nicht nur nicht sinnlos, sondern erst sinnvoll mache:*

Denn die Lebensverantwortung eines Menschen ist nur zu verstehen in Hinblick auf Zeitlichkeit und Einmaligkeit.

Das bedeutet, nur in einem begrenzten Leben sind wir verantwortlich für das, was wir in und aus diesem Leben gemacht haben – in einem unbegrenzten (oder wiederholbaren) Leben wäre nicht nur jedes Tun aufschiebbar, es wäre auch jede Verantwortung abschiebbar auf spätere Zeiten.

* Viktor E. Frankl, Ärztliche Seelsorge, dtv München, [6]2007, S. 119.

Diesem Gedanken wollen wir einen weiteren anfügen. Wie können wir verantwortlich sein für etwas, das vergeht? Genau das sind wir eben nicht; wir sind verantwortlich für etwas, das *bleibt.* Und was bleibt? Alles, was geschehen ist, bleibt. Alles, was ein Mensch getan hat, was er erlebt hat, was er erlitten hat, bleibt. Es bleibt in der Vergangenheit, aus der nichts herausnehmbar ist, in der nichts mehr veränderbar oder aufhebbar ist. Ich sagte anfangs: das Leben verrinnt im Zeitfluss. Aber es verrinnt nicht einfach nur, es gerinnt zur Geschichte, zur Wahrheit, zur Wirklichkeit. Denn die Wirklichkeit, dasjenige, *was wirklich ist*, ist allemal Geschehenes, Geschaffenes, Durchlebtes. *Was noch nicht wirklich ist*, das sind die Möglichkeiten in der Zukunft. Sie sind verlierbar und auslöschbar.

Nehmen wir als Beispiel eine junge Lehrerin. Sie hat die Möglichkeit, im Schuldienst noch viele Kinder zu unterrichten, sie gleichsam beim Prozess der Menschwerdung ein Stück zu begleiten. Das ist eine Möglichkeit, die sie verwirklichen kann. Doch wer weiß, was die Zukunft bringt! Vielleicht gründet die Lehrerin eine eigene Familie und hört mit ihrem Beruf auf. Vielleicht erkrankt sie auch und kann ihren Beruf nicht mehr ausüben. Die Möglichkeiten, die in ihrer – und in unser aller – Zukunft liegen, sind verlierbar und ungewiss, sie sind, so merkwürdig dies ist, *das wahrhaft Vergängliche*, und im Moment unseres Todes haben wir keine einzige Möglichkeit mehr.

Blicken wir jetzt auf eine alte Lehrerin. Sie hat nicht mehr die in der Zukunft liegenden Möglichkeiten, noch viele Kinder zu unterrichten, wie die junge Lehrerin. Aber sie hat die in der Vergangenheit liegende Wirklichkeit, viele Kinder unterrichtet und begleitet zu haben. Wer wollte ihr diese Wirklichkeit, das von ihr Verwirklichte wegnehmen? Wie könnte sie es jemals verlieren, wer könnte es aus der Geschichte herausstreichen? Wenn sie 20 oder 30 oder 40 Jahre lang im Dienst an jungen Menschen gestanden ist, wer hätte die Macht, ihr auch nur ein Jahr davon zu rauben? Was in die Wirklichkeit, nämlich in die Vergangenheit hineingekommen ist, ist dort sicher und geborgen, ist unvergänglich geworden; es hat sich buchstäblich verewigt. Betrachten wir folgende Skizze, die den Gedankengang symbolisiert:

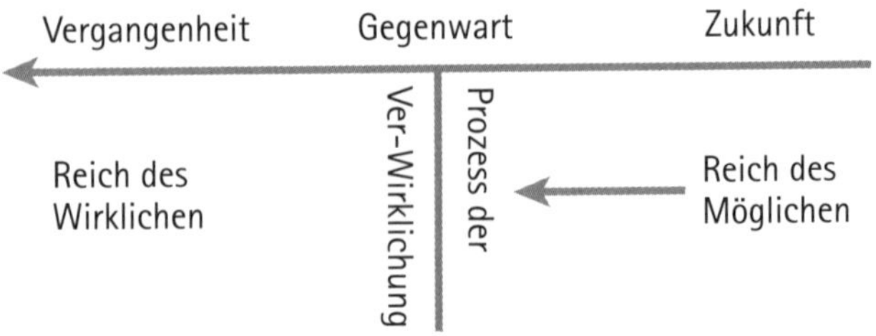

Der Zeitfluss fließt eindeutig von der Zukunft über die Gegenwart in die Vergangenheit. Wir leben nicht in die Zukunft hinein, wir leben in die Vergangenheit hinein! Wer etwa in der Zukunft plant, ein Haus zu bauen, der will dieses Haus zur Wirklichkeit bringen. Er will seine Pläne wahr werden lassen, und das heißt, er strebt eine Gegenwart an, in der sein Haus steht, und das wiederum heißt, er strebt eine Vergangenheit an, in der sein Hausbau stattgefunden hat. Wir planen Zukünftiges, um Vergangenes zu erzeugen.

Die Zukunft ist das „Reich des Möglichen", das Sein-Könnende. Vieles kann sein, aber nur manches wird verwirklicht. Manches bleibt unverwirklicht, es wird zu nichts. Um im Beispiel zu verweilen: manches Haus wird trotz bester Pläne nicht gebaut. Das Mögliche ist, wie erwähnt, brüchig und instabil.

Die Vergangenheit hingegen ist das „Reich des Wirklichen", das Seiende. In ihr ist nichts unwiederbringlich verloren, sondern alles unverlierbar geborgen, wie es Viktor E. Frankl ausgedrückt hat: Das Verwirklichte ist stets Ein-für-allemal-Verwirklichtes. Ein Haus, das gebaut worden ist, ist gebaut worden. Und selbst, wenn es mit der Zeit wieder verfällt, ändert dies nichts an der Tatsache, dass es einmal gebaut worden ist.

Die Gegenwart stellt nun die Scheide zwischen beiden Bereichen dar, den Schauplatz, an dem sich Mögliches verwirklicht. Noch vor kurzem war für den Leser das Lesen dieses Buches eine Möglichkeit. Eine die er auch hätte ablehnen können; dann wäre sie zu nichts geworden. Gerade eben aber, während er im vorliegenden Buch liest, verwirklicht sich diese Möglichkeit, und schon morgen ist sie durch ihn nicht mehr ablehnbar. Die geistigen Inhalte des Buches sind noch ablehnbar, der gehabte Lesevorgang aber ist nicht mehr annullierbar, weil er bereits zur Wirklichkeit gekommen ist. Von morgen an kann der Leser den heutigen Tag nie mehr anders verbracht haben als „auch lesend" – bis in alle Ewigkeit ist sein Leben am heutigen Tage unter anderem mit diesem Buch verknüpft.

Was also bleibt, wenn das Leben im Zeitfluss verrinnt? Es bleibt die Auswahl, die wir unter unseren jeweiligen Möglichkeiten getroffen haben, es bleibt das von uns Verwirklichte und Gewirkte. Dazu ein Zitat von Viktor E. Frankl:*

---

* Viktor E. Frankl, Die Sinnfrage in der Psychotherapie, Piper, München, [6]1996, S. 98.

Unser Leben verpufft in seine Wirksamkeit – und insofern gleicht es etwa dem Radium, dessen Materialität ebenfalls im Laufe seiner „Lebenszeit"[...] zunehmend in Strahlungsenergie sich umsetzt, um nie wieder zur Stofflichkeit zurückzukehren. Was wir „ausstrahlen" in die Welt, die „Wellen", die von unserem Sein ausgehen – das ist es, was von uns bleiben wird, wenn unser Sein selbst längst dahingegangen ist.

Etwas Ähnliches drückt ein hübsches Gedicht von Jörg Zink aus:*

Ein Hirt saß bei seiner Herde
am Ufer des großen Flusses,
der am Rande der Welt fließt.
Wenn er Zeit hatte
und über den Fluss schaute,
spielte er auf seiner Flöte.

Eines Abends kam der Tod über den Fluss
und sagte: Ich komme,
um dich nach drüben mitzunehmen.
Hast du Angst?
Warum Angst? fragte der Hirt.
Ich habe immer über den Fluss geschaut.
Ich weiß, wie es drüben ist.

Und als der Tod ihm die Hand auf die Schulter legte,
stand er auf und fuhr mit ihm über den Fluss,
als wäre nichts.

* Jörg Zink, Unter weitem Himmel, Kreuz-Verlag 1987.

Das andere Ufer war ihm nicht fremd,
und die Töne seiner Flöte,
die der Wind hinübergetragen hatte,
waren noch da.

Damit möchte ich vom Thema: „Was am Ende bleibt“ zum Thema: „Was am Ende zählt“ überleiten. Denn der bedingungslose Sinn eines Menschenlebens wird nicht nur begründet durch die Töne, die über das Leben hinaus „noch da sind“, sondern wesentlich durch die Melodie, zu der sie sich gefügt haben, durch das unsterbliche Lied einer einzigartigen Person. Um jedoch verständlich zu machen, was von dem Bleibenden – von dem in der Vergangenheit Bleibenden – zählt, muss die Skizze von vorhin erweitert werden. Ein dritter Bereich muss eingeführt werden, und das ist das „Reich der Werte“.

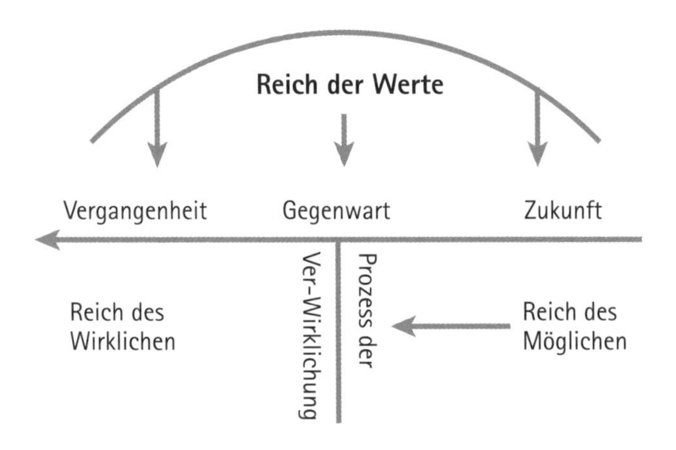

Das „Reich der Werte“ repräsentiert den überzeitlichen Maßstab, an dem sich die Verwirklichungswürdigkeit von

Zukünftigem bemisst. Wir können nicht davon ausgehen, dass alle Möglichkeiten, die einem Menschen zu einem bestimmten Zeitpunkt offenstehen, gleich wert und würdig sind, verwirklicht zu werden. Man denke nur an die Möglichkeit eines Staatsmannes, einen Krieg zu anzuzündeln. Man denke an die uns allen gegebene Möglichkeit, zu hassen, zu quälen, zu verleumden usw. Nicht jede Möglichkeit, die existiert, ist wert, ergriffen und in die Wirklichkeit übergeführt zu werden. Der anzulegende Maßstab ist allerdings nicht auf Zukünftiges beschränkt. Er ist überzeitlich, und das bedeutet, dass auch das bereits zur Wirklichkeit Gewordene der Vergangenheit von unterschiedlicher Qualität ist. Ist und bleibt. Man erinnere sich bloß der Gräuel der letzten beiden Weltkriege. Oder der Inquisition im Mittelalter. Wie viele nicht verwirklichungswürdige Möglichkeiten sind dabei ergriffen worden, und sie bleiben unwürdige Taten in der Geschichte. Beim einzelnen Menschenleben ist es nicht anders – seine Güte steht und fällt mit der Werthaftigkeit dessen, was darin zur Geschichte geronnen ist, oder anders formuliert: *Was am Ende zählt, ist das Sinnvolle unter dem Verwirklichten,* ist das Gute unter dem Gewählten, ist das Schöne unter dem Erlebten, ist das Tapfere unter dem Erlittenen, ist das einer Ewigkeit Würdige, das in die Ewigkeit hineingerettet worden ist.

Machen wir an dieser Stelle eine Zäsur und wenden wir uns der sogenannten „existentiellen Bilanzziehung" (Frankl) zu. In gewissen Abständen schaut jeder von uns auf sein bisheriges Leben zurück und zieht Bilanz. Das ist auch richtig so, um das Gelungene nicht aus dem Blick zu verlieren, und das noch zu Gelingende in den Blick zu bekommen. Wie triste aber sieht oft eine solche Bilanzziehung aus! Da steht dann bei vielen Menschen auf der linken Seite, auf der „Haben-Seite", alles erfahrene Leid, und auf der rechten Seite, auf der „Soll-Seite", das nicht erfahrene Glück, das das Leben ihnen schuldig geblieben ist.

Existentielle Bilanz

Haben-Seite	Soll-Seite
alles erfahrene Leid	alles nicht erfahrene Glück

Eine solche Lebensbilanz verleitet schnell zu Bitterkeit und Traurigkeit, zum Hader mit dem Schicksal und zu seelischer Verhärtung in ständigem Groll. Und doch ist es die falsche Bilanz, wie nach dem bisher Dargelegten leicht einzusehen ist. Denn nicht auf das *Haben* kommt es an, sondern auf das *Sein*, und auch nicht auf das Gehabte, sondern auf das zum Sein Gewordene.

Der fundamentale Unterschied zwischen dem Haben und dem Sein möge an folgendem Beispiel transparent werden:

Wenn jemand fragt: „Was habe ich davon, wenn ich meine Chefin betrüge?", könnte die Antwort lauten: „Mehr Geld". Wenn der Betreffende aber fragen würde: „Was bin ich dann, wenn ich meine Chefin betrüge?", würde die Antwort lauten: „Ein Betrüger". Wobei gilt: Das Mehr-Geld-Haben würde der Betreffende spätestens mit seinem Tode verlieren, aber das Betrüger-Sein würde seinen Tod überdauern. Wenn er ein Betrüger war, wird er auch in Millionen Jahren, wenn niemand mehr von ihm weiß, ein Betrüger gewesen sein – das So-Sein überdauert jedes Da-Sein.

Deshalb darf in der existentiellen Bilanz nicht das *Haben*, sondern es muss das *Sein* zum Soll in Bezug gesetzt werden. Und auch das Soll darf nicht bloß den eigenen Anspruch ans Leben beinhalten, sondern muss im Zusammenhang gesehen werden mit dem eigenen Auftrag, das Bestmögliche aus diesem Leben zu machen. Die richtige Bilanz sieht daher folgendermaßen aus:

Existentielle Bilanz

Sein-Seite	Soll-Seite
alles bisher Verwirklichte	alles noch (sinnvollerweise) zu Verwirklichende

Auf der linken Seite, auf der „Sein-Seite", steht dann nicht das passiv Erfahrene, sondern das aktiv Gewirkte; die Fülle dessen, was durch eigenes Zutun in die Wirklichkeit hineingeschafft worden ist, wo es vor jedem weiteren Zugriff geschützt ist. Nicht das Verlorene und Abgeschlagene, nicht die leeren Stoppelfelder der Vergänglichkeit – um einen Vergleich von Viktor. E. Frankl zu gebrauchen –, sondern die vollen Scheunen, gefüllt mit der Ernte eines Menschenlebens, stehen auf der linken Seite: alles, was ins Sein gekommen ist, was zur unumstößlichen Wahrheit geronnen ist. Und es gibt nur eine Wahrheit. Das Gute, das verwirklicht worden ist, bleibt gut. Die Hilfsbereitschaft und Nächstenliebe, die praktiziert worden sind, bleiben Hilfsbereitschaft und Nächstenliebe. Der Friede, der geschlossen worden ist, bleibt Friede ... In den Scheunen der Vergangenheit bleibt alles, was es ist und war.

Freilich, auch das negativ Gewirkte ist daraus nicht entfernbar. Die Fehler, die man begangen hat, die bösen Kämpfe, die man gefochten hat, sind auch darin. Doch sind es unser Glaube und unsere Hoffnung, dass es eine Erlösung gibt, und das meint ja nichts anderes, als dass *am Ende das Gute zählt und nichts als das Gute* – oder anders gesagt, dass unter dem auf der „Sein-Seite" bisher Verwirklichten in unserer existentiellen Lebensbilanz zählt, *was Sinn hat und Sinn gehabt hat* – alles andere möge der Vergebung anheimfallen.

Wenn wir somit darauf hoffen, dass unter dem Bleibenden das Sinnvolle zählt und das Sinnwidrige vergeben wird, dann sollten wir allerdings selber damit anfangen, unseren Mitmenschen das Erfreuliche, das sie uns geschenkt haben, anzurechnen, und das Leidvolle, das sie uns angetan haben, zu verzeihen. Denn, wie ich gelegentlich Patienten zu erklären pflege, man kann nicht ungnädig sein und gleichzeitig auf Gnade hoffen! Das wäre doch ein zu großer Widerspruch, weshalb es sich empfiehlt, alles erfahrene Leid, das sich auf der „Haben-Seite" eines Menschenlebens angesammelt haben mag (entsprechend der „falschen" Bilanzziehung), in einem Akt der Versöhnung und Verzeihung mit einem Minimum an Groll anzunehmen, dafür aber die vertrauensvolle Gewissheit im Herzen einzutauschen, dass auch das zugefügte, nämlich von einem selber den Mitmenschen zugefügte Leid, das auf die „Sein-Seite" der Wirklichkeit gerutscht ist, von „Jemandem" angenommen werden wird, der Versöhnung und Verzeihung für uns bereithält.

Bisher haben wir uns mit der linken Seite der existentiellen Bilanz beschäftigt; richten wir jetzt unser Augenmerk auf die rechte Seite, die „Soll-Seite". Ich sagte, hier möge nicht lokalisiert werden, was das Leben uns (vermeintlich) schuldig geblieben ist, sondern was wir möglicherweise dem Leben schulden. Was wir noch zu geben haben, bzw. was seiner Verwirklichung harrt. Was noch potentielle Ernte ist, die es einzufahren gilt. Die Töne der Flöte, auf die das andere Ufer wartet, dass sie gespielt werden ...

Wir dürfen davon ausgehen, dass es für jeden Menschen jederzeit eine sinnvolle Aufgabe gibt, die auf ihn wartet, eine sinnvolle Möglichkeit, die er noch verwirklichen kann. Selbst wenn diese Aufgabe nicht in einem Tun besteht, sondern vielleicht lediglich in der Haltung, mit der er ein Nicht-mehrtun-Können trägt, so ist sie etwas Verwirklichbares, das wert ist, verwirklicht zu werden. Viktor E. Frankl schilderte dazu einen beeindruckenden Fall:*

Eine Krankenschwester meiner Klinik wird operiert, und der Tumor erweist sich als inoperabel. In ihrer Verzweiflung lässt mich die Krankenschwester zu sich bitten. Im Gespräch ergibt sich, dass sie nicht einmal so sehr wegen ihrer Krankheit verzweifelt ist, als vielmehr wegen ihrer Arbeitsunfähigkeit: sie liebt ihren Beruf über alles, kann ihn aber jetzt nicht mehr ausüben. Was hätte ich dieser Verzweiflung gegenüber sagen sollen? Die Situation dieser Krankenschwester war ja wirklich aussichtslos. (Eine Woche später starb sie.)

Dennoch habe ich versucht, ihr klarzumachen: Dass sie acht oder weiß Gott wie viele Stunden am Tag arbeitet, ist noch keine Kunst – das kann ihr bald jemand nachmachen; aber so arbeitswillig

* Viktor E. Frankl, Theorie und Therapie der Neurosen, Reinhardt, München, [9]2007, S. 204f.

zu sein wie sie und dabei so arbeitsunfähig – und trotzdem nicht verzweifeln –, das wäre eine Leistung, sagte ich ihr, die ihr nicht so bald jemand nachmachen würde. Und, so frage ich sie weiter, begehen Sie nicht eigentlich ein Unrecht an all den Tausenden von Kranken, denen Sie als Krankenschwester doch Ihr Leben geweiht haben; begehen Sie kein Unrecht an ihnen, wenn Sie jetzt so tun, als ob das Leben eines Kranken oder Siechen, also eines arbeitsunfähigen Menschen, sinnlos wäre? Sobald Sie in Ihrer Situation verzweifeln, sagte ich ihr, tun Sie ja so, als ob der Sinn eines Menschenlebens damit stünde und fiele, dass der Mensch so und so viele Stunden arbeiten kann; damit aber sprechen Sie allen Kranken und Siechen jedes Lebensrecht und alle Daseinsberechtigung ab. In Wirklichkeit haben Sie gerade jetzt eine einmalige Chance: Während Sie bisher all den Menschen gegenüber, die Ihnen anvertraut waren, nichts anderes leisten konnten als dienstlichen Beistand, haben Sie nunmehr die Chance, mehr zu sein: menschliches Vorbild.

Hier zeigte Viktor E. Frankl im Patientengespräch auf, dass es immer noch eine sinnvolle Möglichkeit gibt, die verwirklicht werden kann, sogar noch auf dem Sterbebett; und wenn nicht in Form einer Handlung, die man setzen kann, dann in Form einer Haltung, die man einnehmen kann. Allerdings wird sich manche sinnvolle Möglichkeit nur dann entdecken lassen, wenn man nicht einseitig festgelegt ist. Wenn man nicht glaubt, nur auf eine Art und Weise allein Sinn im Leben erfüllen zu können, oder meint, nur eine einzige Aufgabe im Leben zu haben. Diesbezüglich schrieb Viktor E. Frankl im Anschluss an das zitierte Patientengespräch:

Diese wenigen Worte der Andeutung müssen genügen, um zu zeigen, dass sich selbst noch in solchen Fällen durchaus verständlicher, ja scheinbar berechtigter Verzweiflung die Depression aus den Angeln heben lässt. Man muss nur wissen, dass letztlich alle Verzweiflung eines ist: Vergötzung – Verabsolutierung eines einzigen Wertes (im obigen Falle: Vergötzung des Wertes der Arbeitsfähigkeit).

Es ist somit wichtig, sich innerlich flexibel zu erhalten für die stets neuen sinnvollen Möglichkeiten, dic das Leben bietet, im Bewusstsein, dass es immer – in der Jugend wie im Alter, an gesunden wie an kranken Tagen – eine persönliche Aufgabe gibt, die einem zufällt und zukommt; dass es aber von Mal zu Mal eine andere Aufgabe sein wird. Dieses Wissen ist herausfordernd und beglückend zugleich. Herausfordernd, weil es nie erlaubt, sich in Passivität, Apathie und Resignation zu verkriechen und in Verzweiflung zu versinken, nicht einmal angesichts eines großen Leides. Aber beglückend, weil es jedem Menschen bedingungslos vermittelt: Du bist hier und jetzt zu etwas gerufen, du wirst gebraucht, dein Beitrag verändert die Welt, und sei er noch so winzig! Auf dich richtet sich eine Hoffnung der Welt, die sich, wenn du es willst, erfüllen könnte!

Kümmern wir uns nicht um Lohn und Anerkennung seitens unserer Mitmenschen. Ihr Dank ist zwar eine sehr angenehme „Draufgabe". aber das Wesentliche ist er nicht. Das Wesentliche ist diese uns ständig begleitende Hoffnung, die sich auf uns richtet, die Hoffnung, dass wir das Unsrige erbringen, die Welt, in der wir leben, ein wenig heller und heiler zu gestalten. Es kann ein Lächeln, ein nettes Wort sein, das, wenn wir es erbringen, eine Nachbarin aufrichtet. Es kann ein Händedruck, ein stilles Zuhören sein, das, wenn wir es erbringen, eine Seele tröstet. Niemand ist nutzlos, niemand ist überflüssig, jeder ist für etwas gut, jeder wird für irgendetwas gebraucht – wenn er sich nur dessen bewusst ist. In diesem Zusammenhang lehre ich meine Studenten die logotherapeutische Doktrin:

Das Glück ist nicht, dass jemand sagen kann: „Mir geht es gut".
Das Glück ist, wenn jemand sagen kann: „Ich bin für etwas gut".

Wie sehr das Bewusstsein, noch einer Aufgabe zu dienen, sogar lebensverlängernde und krankheitsverhütende Wirkung hat, beweist eine Parallele aus dem Tierreich, wenn sie auch nicht nach menschlichen Gesichtspunkten interpretiert werden darf. Es ist bekannt, dass Tiere im Zirkus länger leben als dieselben Tiere im Zoo.* Diese Erfahrungstatsache ist nicht anders zu verstehen als dadurch, dass die Tiere im Zirkus gleichsam eine Aufgabe haben: sie müssen allerlei Kunststücke erlernen, um sich ihren Lebensunterhalt zu verdienen. Im Unterschied dazu finden die Tiere im Zoo keine derartige Aufgabe vor. Sie bekommen ihren Lebensunterhalt geschenkt, aber sie selber brauchen keinerlei Beitrag zu erbringen, und das stellt sie nicht zufrieden. Im Gegenteil, es schwächt sie und macht sie krankheitsanfällig. Nicht einmal im Tierreich genügt es offenbar, bloß versorgt zu sein – um wieviel wichtiger ist es dann für ein geistiges Wesen wie den Menschen, über

* Viktor E. Frankl, Psychotherapie für den Alltag, Herder, Freiburg, Jubiläumsausgabe 2007, S. 58ff.

alles Versorgtsein hinaus etwas zu kennen, für das er selber sorgt, für das er Sorge trägt, auf dass es sich verwirklicht und seinen Sinn in der Welt erfüllt.

Diese Gedanken möchte ich in einem letzten Gleichnis zusammenfassen. Viktor E. Frankl verglich in seinen Schriften das menschliche Leben mit einem Film, der gedreht wird. Die bisherige Lebensvergangenheit ist der bereits belichtete Teil des Films, auf dem jede kleinste Szene festgehalten ist. Was bunt war, ist bunt, was dunkel war, ist dunkel; keine Szene wird aus dem Film mehr herausgeschnitten.

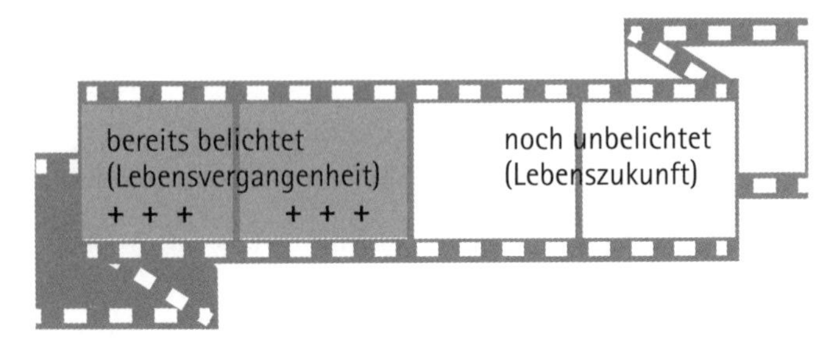

Die Zukunft, die noch vor einem liegt, ist unbelichtet. Nun sind wir nicht der alleinige „Regisseur“ des Films; das unergründbare Schicksal stellt die Kulissen. Aber uns ist das Privileg zuteil geworden, „Mitregisseur“ sein zu dürfen, weil wir innerhalb der gestellten Kulissen auf alles Antwort geben, was geschieht; auf alles reagieren auf eine Art unserer Wahl, so dass nie bloß etwas *uns* geschieht, sondern zugleich auch immer etwas *durch uns* geschieht. In jeder kleinen Szene, die gedreht wird und in den belichteten Teil des Films hinüberwandert, ist unsere Antwort mit dabei. Und wenn es eine gute Antwort war, eine aufrechte und versöhnliche Antwort, hinter der und zu der wir stehen können, dann ist mit ihr ein Plus in die Szene eingebrannt worden, das von keinen Minus eines noch so harten und schmerzlichen Schicksals eliminiert werden kann.

Am Ende des Lebens ist der ganze Film belichtet, ist fertig geworden. Ein Menschenleben ist zu seiner Ganzheit gekommen, ist ganz in die Wirklichkeit hineingekommen. Was dann zählt, ist keineswegs die Länge des Films, sondern das sind eben jene kleinen Pluszeichen, die wir, Szene für Szene, in unser Leben eingebrannt haben. Sie besiegeln die Güte des Films – und der Film ist unzerstörbar. In ihm leben wir weiter, oder, wie Viktor E. Frankl es ausgedrückt hat: *Jede Tat ist ihr eigenes Denkmal.*

Und so gehen wir denn, wir noch Lebenden, hin im Bewusstsein der bedingungslosen Sinnhaftigkeit unseres Lebens, und meißeln wir unsere eigenen Denkmäler ins Sein!

Das Leib-Seele-Problem in der Logotherapie

Gedanken zur Person

Der Mensch übersteigt unendlich den Menschen.
(Blaise Pascal)

Wie tief ist die Tiefe des Menschen?

Viktor E. Frankl hat darauf hingewiesen, dass das Gegenteil einer Tiefenpsychologie keine „Oberflächenpsychologie" zu sein braucht, sondern eine Höhenpsychologie sein kann.*

Diesem Hinweis nachspürend möchte ich zu skizzieren versuchen, was unter der Tiefe des Menschen, unter seiner Oberfläche und unter seiner Höhe – im nicht geometrischen, sondern im anthropologischen Sinne – zu verstehen ist. Nehmen wir als Oberfläche die sichtbare und beobachtbare Körperlichkeit des Menschen in ihrer gesunden oder kranken Ausprägung. Was sehen wir an einem Menschen? Man könnte sagen: ein bisschen Sein, ein bisschen Schein. Sein nämlich insofern, als sowohl das äußere, als auch das innere Erscheinungsbild eines Menschen Ausdruck seines personalen Seins ist. Aber nicht nur. Dasjenige, was sich da mehr oder weniger deutlich ausdrückt, ist auf die Qualität des Ausdrucksmittels angewiesen. Und das Ausdrucksmittel Organismus kann schwach, beschädigt, funktionsuntüchtig sein.

* Viktor E. Frankl, Theorie und Therapie der Neurosen, Reinhardt, München [9]2007, S. 157.

Was sehen wir folglich an einem Menschen? Einen Spiegel seiner „Seele“, aber einen Spiegel mit Flecken, hätte Viktor E. Frankl gesagt. Ein Sein, das durch eine Leiblichkeit hindurchschimmert, hindurchscheint: den Schein des Seins, der – durch leibliche Unzulänglichkeit verzerrt – auch trügerischer Schein sein kann.

Wir erblicken ein Ausdrucksmittel, das seinen Dienst tun oder ihn aufkündigen kann. So kommt es, dass wir im Falle einer Krankheit des Organismus zunächst nicht wissen, ob das personale Sein dieses Menschen gleichsam in die falsche Richtung läuft, was sich über das Ausdrucksmittel Organismus in Form von Krankheit ausdrückt, oder ob sich das personale Sein dieses Menschen genau richtig entfaltet, was sich über das Ausdrucksmittel Organismus in strahlender Gesundheit kundtun müsste, was der in seiner Materialität anfällige und hinfällige Organismus aber auf Grund eines Materialdefekts nicht mehr hin bringt. Der Spiegel, den wir bei einem kranken Menschen erschauen, zeigt dann einfach Flecken, und es bedarf einer sorgfältigen Differentialdiagnose, um festzustellen, ob das fleckenlose Glas des Spiegels Fleckiges widerspiegelt, oder ob etwa ein fleckiges Glas Fleckenloses widerspiegelt, wobei auch der Kombination von Flecken in beiden Bereichen keine Grenzen gesetzt sind.

Gewarnt sei somit vor jeder einseitigen Deutung, sei es der biologistischen, dass alle Krankheit zuletzt chemisch-physikalisch verursacht sei (Flecken also stets Flecken im Spiegelglas sein müssten!), sei es der psychologistischen, dass alle Krankheiten Notrufe der Seele seien (Flecken also stets Spiegelungen im Glas sein müssten!).

Fragen wir jetzt weiter. Angenommen, die Differentialdiagnose ist nach eingehender Untersuchung gestellt worden und lautet: am Spiegelglas, in der reinen Körperlichkeit, liegt das Problem eines Menschen nicht. Es liegt tiefer. Das durch seine Körperlichkeit, und im vorliegenden Falle durch seine gestörte Körperlichkeit Hindurchscheinende ist das eigentlich Gestörte. Oder in herkömmlicher psychotherapeutischer Sprache: man muss die Oberfläche verlassen und tiefer graben, um den wahren Störungsherd zu orten und wenn möglich zu beheben. Was ist mit dieser Tiefe, in die man hinabgraben müsste, gemeint? Und wie tief ist die Tiefe des Menschen? Wann kann man sicher sein, dass tief genug gegraben worden ist?

Nun, im Allgemeinen wird dabei der Werdegang der Psyche analysiert. Man versucht, die lebensgeschichtlichen Erfahrungen, Eindrücke und Lernprozesse eines Menschen zu rekapitulieren, um seine gegenwärtigen Eigenarten und Verhaltensweisen besser zu verstehen. Dabei kommt zum Beispiel heraus, dass ein Mann aus einer sehr künstlerischen Familie stammt und schon als kleiner Bub unter Insuffizienzgefühlen gelitten hat, weil alle Mitglieder seiner Familie begabter waren als er. Vielleicht haben sich seine Insuffizienzgefühle im Laufe der Zeit zu Komplexen verdichtet, die ein übermäßiges körperliches Gespannt- und Verkrampftsein bewirken und in zeitweisen Attacken von Spannungskopfschmerzen manifest werden.

Haben wir jetzt tief genug gegraben? Da ist die sichtbare Spitze des Eisberges, nämlich das Kopfschmerzleiden. Da ist ein massiver eisiger Block darunter, unsichtbarer aber gefährlicher als die Spitze, nämlich der seelische Komplex. Ein Komplex von lang zurückliegender Schmach, von bitter erfahrener oder teilweise auch eingebildeter eigener Unzulänglichkeit, kurz, die eher negative Einschätzung des Selbst. Was fehlt jetzt noch? Haben wir nicht alles beisammen? Die seelische Verwundung, deren Flecken sich im körperlichen Wundsein spiegeln, ist aufgedeckt. Aber wer beantwortet die Frage, warum der Eisberg nicht als Ganzes in der Sonne einer warmen Lebensatmosphäre schmilzt? Warum er nicht längst geschmolzen ist?

Gibt es nicht ein Urgewolltsein eines jeden Menschen, das über das Gewolltsein in der Familie hinausgeht? Ist nicht jeder Mensch ausgestattet mit feinen geistigen Fühlern, dieses sein Urgewolltsein zu vernehmen und sich daran hochzuziehen zu einem Wesen, das den innigen Wunsch verspürt, sich dieses seines Urgewolltseins auch würdig zu erweisen, und das heißt, das Sinnvollste aus seinem Leben zu machen, das nur möglich ist? Wo ist ein solches Sich-aus-Schmach-und-Unzulänglichkeit-Hochziehen bei unserem Patienten geblieben? Konnte er nicht? Wollte er nicht? Zu sagen, er konnte sich nicht hochziehen, wäre die einfachste Erklärung. Allein, sie hinterlässt Zweifel. Tausende und abertausende Menschen entstammen einem destruktiven Kindheitsmilieu, weit schlimmer, als es eine begabte Künstlerfamilie zu bieten hat, und wachsen dennoch empor, richten sich auf am Urgewolltsein ihrer Existenz, das die Eisklumpen einer negativen Selbsteinschätzung hinwegschmilzt. Dieser eine jedoch nicht. Will er nicht?

Jetzt nähern wir uns langsam einer Tiefe, die in Höhe umschlägt. Unser Spaten greift ins Leere, weil es nichts mehr zu graben gibt in jenem Niemandsland, in dem der Mensch sich selbst bestimmt und selbst erschließt. Wilhelm Keller schrieb dazu sehr treffend:*

---

* Wilhelm Keller, Psychologie und Philosophie des Wollens, Reinhardt, München, 1954, S. 62-63.

Die Anfrage bei der inneren Selbsterschlossenheit des Daseins hat ergeben, dass in der Tat das Wollen ein grundlegendes Moment menschlicher Daseinsweise ist, und in welchem Sinne es das ist: Es ist ein Strukturmoment, das – mindestens der Möglichkeit nach – in allem Verhalten gegenwärtig ist: und zwar dasjenige, in dem die besondere Seinsweise des menschlichen Lebens seinen zugespitztesten Ausdruck findet, so dass umgekehrt die Akte eigentlichen Wollens geradezu als die eigentlichste Aufgipfelung des Daseins gelten müssen.

Wer wollte mit Blick auf jene „Aufgipfelung des Daseins“ noch vom Werdegang der Psyche reden? Im Akt des Wollens erkennen wir die Signatur des menschlichen Geistes, der sich Eisberg oder Sonne zum Kernstück des Lebens erwählt, eines von beidem, das für ihn bestimmend sein wird, solange er sich von ihm bestimmen lässt. Es ist wie bei der kleinen Fabel von den „ungleichen Boten“:

Der Adler hörte einst viel Rühmens von der Nachtigall und hätte gern Gewissheit gehabt, ob alles auf Wahrheit beruhe. Darum schickte er den Pfau und die Lerche aus: sie sollten das Federkleid der Nachtigall betrachten und ihren Gesang belauschen.

Als sie wiederkamen, sprach der Pfau: „Der Anblick ihres erbärmlichen Kittels hat mich so verdrossen, dass ich ihren Gesang gar nicht gehört habe.“ Die Lerche hingegen sprach: „Ihr Gesang hat mich so entzückt, dass ich vergaß, auf ihr Federkleid zu achten.“

Der Pfau in der Fabel sieht also den Kittel, die Lerche hört den Gesang. Warum? Der Spaten ruht – es gibt kein Warum. Jeder wählt das Seine, und gäbe es ein bindendes Warum, gäbe es keine freie Wahl. Jeder entscheidet für sich, den erbärmlichen Kittel des Lebens zu betrachten oder dem entzückenden Gesang des Lebens zu lauschen; jeder hat Gründe genug zur Lebensbejahung und zur Lebensverneinung, jeder wählt letztendlich Halt oder Haltlosigkeit seiner Existenz. Die Tiefe des Menschen stößt an die unauslotbare Höhe seines Entscheidungsraumes, in dem alle lebensgeschichtlichen Erfahrungen, Eindrücke und Lernprozesse einschließlich aller Flecken und Wunden in Soma und Psyche erst ihren Stellenwert erhalten – den Stellenwert, den der Mensch ihnen gibt! Oder anders ausgedrückt: Die Körperlichkeit als Oberfläche und die durch sie mehr oder weniger hindurchschimmernde seelische Befindlichkeit als Tiefe werden gleichsam überspannt von der Geistigkeit als der Höhe des Menschen, in die die Pfeiler seiner Selbstbestimmung in Freiheit und Verantwortlichkeit hineinragen.

So ist der Eisberg, Spitze wie Unterwassermassiv, nicht begreifbar und begründbar aus sich allein heraus, sondern nur in Bezug zum unendlichen Luftraum über ihm, der entweder kalt ist, so kalt, dass der Eisberg in seinem Eisigsein verharrt, oder sich erwärmt, erwärmt an einer unendlich fernen und doch gegenwärtigen Sonne, die das Eisigsein des Eisberges zunehmend aufhebt. Analog dazu steht Krankheit, körperliche wie seelische, in Bezug zu einem dritten Element, nämlich zur grundlegenden Einstellung und Weltanschauung eines Menschen, die eine geistige ist und sich als solche am unendlich fernen und doch stets gegenwärtigen Logos orientiert oder nicht, was sie warm oder kalt macht, krankheitsbremsend oder krankheitsfördernd, leidannehmend oder leidabweisend – im Gleichnis der Fabel „kittelsehend oder gesanghörend", je nachdem.

Wenn wir folglich die Frage beantworten wollten, wie tief die Tiefe des Menschen ist, müssten wir antworten: Sehr tief ..., aber nicht so tief, wie die Höhe des Menschen hoch ist. Reicht die Tiefe doch immer nur bis an den Ursprung seines Gewordenseins hinab, während die Höhe sich ausstreckt im Werden und Wachsen demjenigen zu, der er sein kann und sein wird, wenn er es sein will

Gebrauchen wir dazu noch eine weitere Analogie. Wir sagten, in der Tiefe des Menschen wohnt das Sein, das Gewordensein. Es speist alles, Werden und Wachsen des Menschen, das nur werden und wachsen kann auf dem Boden von dem, was ist. Aus der Wurzel sprießt der Stängel, aus dem Stängel die Knospe, aus der Knospe die Blüte. Immer noch speist die Wurzel die Blüte, und ist die Wurzel kräftig, pumpt sie viel Saft und Lebenskraft in die sich entfaltende Blüte. Doch mit dem ersten Keimen des Stängels kommt etwas anderes ins Spiel – etwas, das *über* dem Boden ist. Etwas, das *über* dem Sein schwebt. Das, was nicht Gewordenes, sondern zu Werdendes zum Gegenstand hat: Das Licht, das die Knospen hervorlocken wird. Die Sonne eben, der sich die Blüte zuneigen wird. Das Nicht-Blumenhafte, das ganz Neue und Fremde, zu dem der wachsende Keim in Beziehung treten muss, wenn er Blume werden soll. Das Soll selbst, das dem Sein immer schon vorausgeht, und ohne dem kein Werden stattfindet. Nur Totes hat kein Soll; Lebendiges hingegen hat ein Soll, dem es zulebt, eine Höhe, der es zustrebt. Und auch in der Höhe des Menschen wohnt ein Soll, das das Werden des Menschen in Gang setzt und ihm seine Richtung weist. So lässt sich sagen: das Sein in der Tiefe des Menschen speist sein Werden, aber das Werden geschieht nie ohne Bezug zu einem Soll in der

Höhe des Menschen. Genauso wie die Wurzel der Blüte Saft zupumpt, aber Blühen nur stattfinden kann im Mittel der Sonne, der entgegengeblüht wird.

Was wir daher an der Oberfläche des Menschen, seiner Körperlichkeit, und in der Tiefe des Menschen, in seinem seelischen Gefüge vorfinden, ist von sehr ähnlicher Substanz. Es ist Eisbergspitze und Unterwassermassiv. Es ist die Knospe und ihre Wurzel. Es ist Einheit, aber es ist nicht Ganzheit, denn es fehlt noch die Höhe des Geistigen, der Bezug zum Licht, der Ausschlag gibt für Bewegung und Richtung eines Menschenlebens. Jener Bezug ist von anderer Substanz und doch kann er Eisberge erhalten oder abtauen, Knospen zum Blühen oder zum Verdorren bringen. Die geistige Dimension des Menschen ist im Leib-Seele-Organismus nirgends zu lokalisieren, und dennoch wäre der Leib-Seele-Organismus kein menschlicher, hätte er nicht Anteil an einer Dimension der Höhe.

Was aber erblicken wir konkret, wenn wir in die Höhe eines Menschen schauen? Wir könnten verleitet sein, seine Selbstverwirklichungsmöglichkeiten dort anzusiedeln, doch wäre dies ein krasser Irrtum. Freilich gibt es ein breites Spektrum dessen, was jeweils noch aus einem Menschen werden kann. Doch was besagt dieses Spektrum schon? Es ist eine Aufzählung aller grundsätzlich menschlichen Möglichkeiten abzüglich derjenigen, die dem einen, den wir gerade betrachten, aus einem bestimmten Grunde verschlossen sind. Um eine solche Aufzählung zu demonstrieren: Zu meinen eigenen Selbstverwirklichungsmöglichkeiten gehört, dass aus mir eine Diebin, Einbrecherin und Kindesentführerin werden kann, oder auch eine Frau, die lebenslang anständig geblieben ist. Ich kann mich als Nichtstuerin und Tagträumerin verwirklichen oder als fleißige Arbeitskraft. Ich kann mich als kleine Xanthippe oder als kooperative Ehefrau verwirklichen, usw. Was ist an der Summe all dieser meiner Möglichkeiten interessant?

Interessant ist doch wohl einzig und allein, *welche* meiner Selbstverwirklichungsmöglichkeiten ich verwirkliche, und wie *sinnvoll* sie sind, interessant ist ihr Bezug zum Sinn, ihr Bezug zum Soll – nicht der Luftraum über dem Eisberg ist interessant, sondern seine Wärme, noch ist der Luftraum über der Blume interessant, dafür aber seine Helligkeit. Ohne Wärme taut kein Eis, im Finstern blüht nichts, ohne Sinnbezug verkümmert ein Menschenleben. Was die Höhe ausmacht, die Höhe des Menschen, das ist seine Erkenntnis von Gut und Böse und seine Freiheit, sich für das eine oder andere zu entscheiden. Die höchste Aufgipfelung des Daseins, haben wir gehört, findet statt im Wollen – aber wenn es wirklich Gipfel, Höhe sein soll, dann ist es ein *Wollen des Gesollten*; dann bewegt sich der Leib-Seele-Organismus, vom Geist bewegt, in Richtung auf den Logos zu, dann verwirklichen wir diejenigen Möglichkeiten unserer selbst, *die unsere besten sind*, als wären sie uns zugedacht von Anfang an.

Vergleicht man die drei ältesten Psychotherapieansätze aus dem vorigen Jahrhundert miteinander, nämlich die Denkansätze von Sigmund Freud („1. Wiener Schule der Psychotherapie"), Alfred Adler („2. Wiener Schule der Psychotherapie") und Viktor E. Frankl („3. Wiener Schule der Psychotherapie"), dann laufen die vorhin metapherartig unterlegten Ausführungen auf folgende Kurzformel hinaus: Freuds Psychoanalyse (stellvertretend für die Tiefenpsychologie) hat das „Müssen des Menschen von Seiten des Es" ins Zentrum ihrer

Aufmerksamkeit geschoben. Adlers Individualpsychologie (nicht gerade stellvertretend für eine Oberflächenpsychologie, aber vielleicht für eine gewisse Psychologie der Mitte) hat das „Wollen des Menschen von Seiten des Ich" zum Zentrum ihrer Aufmerksamkeit erkoren. Und Frankls Logotherapie (stellvertretend für die Höhenpsychologie) hat schließlich das „Sollen des Menschen von Seiten des Logos" ins Zentrum ihrer Aufmerksamkeit gerückt.*

Jede der drei Wiener Schulen der Psychotherapie hatte den gleichen Menschen und doch Verschiedenes an ihm im Blick, weshalb jede etwa bei unserem Beispiel vom Patienten mit den psychosomatischen Spannungskopfschmerzen anders vorgehen würde. Die Psychoanalyse würde in der Tiefe nach verdrängten frühkindlichen Traumen suchen in der Annahme, dass hinter den körperlichen Symptomen seelische Ursachen stehen, deren Aufdeckung die Symptome gegenstandslos werden lässt. Die Individualpsychologie würde in der Mitte des aktuellen Lebensvollzuges nach Krankheitsgewinnen suchen in der Annahme, dass die Symptome einem kompensatorischen Zwecke dienen, dessen Verabschiedung die Symptome überflüssig macht. Die Logotherapie wiederum würde in der Höhe Sinnmöglichkeiten des Patienten zu entdecken trachten in der Annahme, dass über die Affektdynamik einer Neurose hinaus eine geistige Not des Patienten existiert, deren Auflösung in einem erfüllten Leben neurotischen Symptomen keinen Platz mehr einräumt.

Demnach können wir zum Leib-Seele-Problem aus Sicht der Logotherapie feststellen: Das Leib-Seele-Problem betrifft

---

* Viktor E. Frankl, Ärztliche Seelsorge, dtv München, [6]2007, S. 33.

das Geheimnis des praktisch unentwirrbaren psychophysischen Geflechts, in dem Körperlichkeit und Befindlichkeit miteinander vernetzt sind. Was immer sich einem Menschen psychisch einprägt, wird eine körperliche Auswirkung haben; und was immer in ihm körperlich angelegt ist, wird seine Psyche mitformen. Dieses Leib-Seele-Problem harrt jedoch einer Erweiterung zum *Leib-Seele-Geist-Problem*, und wenn wir uns auf eine solche Komplettierung einlassen, entwirrt sich das Geflecht wieder ein wenig. Denn Geistiges flicht ein Band mit einer transhumanen Instanz (wie erläutert), nicht aber vergleichbar intensiv mit der psychophysischen Humanbasis, zu der es die Höhe bildet. Geistig kann sich der Mensch distanzieren von Leib und Seele, ja, sogar in Opposition gehen zu dem, was psychophysisch mit ihm geschieht. Geistig ist der Mensch frei, Leib und Seele im Rahmen des Möglichen zu verändern, zu entwickeln, zu fördern oder zu zerstören.

Ein eindrucksvolles Beispiel möge der Veranschaulichung dienen. Im Jahr 1989 erhielt der Ire Christopher Nolan den „Whitbread Book of the Year"-Preis, eine der bedeutendsten britischen Literatur-Auszeichnungen. Christopher Nolan war damals 22 Jahre alt, stumm und völlig gelähmt. Der einzige Körperteil, den er bewegen konnte, war sein Kopf. Oberflächlich betrachtet finden wir in seiner Gestalt einen extrem behinderten jungen Mann vor. Wollten wir tiefer forschen, fänden wir in den seelischen Schichten darunter zweifellos deutliche Ablagerungen von Beschränkung, Revolte und Schmerz. Beides ist genau genommen nur mäßig geheimnisvoll, denn sowohl die körperlichen Ursachen, die in einem Geburtsfehler liegen, als auch die seelischen Ursachen, die in eben diesen Extrembedingungen seines Lebens liegen, sind weitgehend bekannt. Fragen wir jetzt nach der freien geistigen Stellungnahme des jungen Mannes zu körperlicher Behinderung und seelischer Frustration. Durchforschen wir seine innere Höhe nach dem Licht, nach der Sonne, die auch ein behindertes Menschenleben durchglüht, wenn es sich ihr zuneigt im Wollen des Gesollten. Suchen wir die Spuren der „Trotzmacht des Geistes" (Frankl), die dem Forscher ein echtes Geheimnis offenbart und gleichzeitig verhüllt, weil es sich hierbei um eine Haltung handelt, die von keinerlei äußeren oder inneren Ursachen mehr ableitbar ist, sondern in der Freiheit des Menschen schlechthin gründet. Niemand hat dieses Geheimnis besser umrissen als Peter Wust, der einmal schrieb:*

Dem augenlosen Fatum gegenüber hat die prometheische Trotzhaltung des Menschen, unbeschadet ihres im Letzten unfrommen Charakters, eine gewisse positive Bedeutung und innere Berechtigung. Denn vor der blinden Macht des Fatums wird ja gewissermaßen die Vernunftwürde des Menschen auf eine Existenzprobe gestellt. Als Vernunftwesen sieht sich hier der Mensch einer Weltpotenz gegenüber, die an Seinsmacht ihn zwar bei weitem überragt, an Seinswürde aber tief unter ihm steht. Es ist also der ihm einwohnende Logos, der sich im Interesse seiner Vernunftwürde gegenüber dem Fatum, als der Macht des prinzipiell Alogischen empört ... Eine ganz neue Sinntiefe aber gewinnen Trotz und Hingabe, wenn das menschliche Geistesauge durch die letzte Dunkelheit des Lebens hindurch dem Auge der Gottheit begegnet.

---

* Peter Wust, unveröffentlichtes Manuskript 1990.

Was also entdecken wir in der Gestalt Christopher Nolans, wenn wir nach Trotz und Hingabe bei ihm fahnden, nach Trotz gegenüber dem „augenlosen Fatum", dem Schicksal, das ihn zum Stummsein und Gelähmtsein verurteilt hat, und nach Hingabe an den „ihm einwohnenden Logos", den Sinn, der selbst einem solchen Schicksal noch in „letzter Dunkelheit" abgerungen werden kann? Nun, er tippte seine Gedichte und Texte mit Hilfe eines an seine Stirn gebundenen Stabes, den er lächelnd „das Horn des Einhorns" nannte. Es sind Gedichte und Texte, die ihn in die Reihe hervorragender Schriftsteller einordnen, aber auch Botschaften der Lebensbejahung, wie sie heute rar und kostbar geworden sind. So sprach er sich u. a. in einer Autobiographie vehement für das Lebensrecht Schwerstbehinderter aus und wies nachdrücklich darauf hin, was ihm alles entgangen wäre, hätten die Ärzte ihn als Baby sterben lassen oder gar dabei nachgeholfen.

Welch ein Unterschied in der Höhendimension zu unserem Patienten aus der Künstlerfamilie, dessen realen oder eingebildeten seelischen Komplexe wir im Zusammenhang mit gelegentlichen Spannungskopfschmerzen diskutiert haben! Das Geistige ist nicht determiniert, nicht von Erziehungsfehlern und nicht von Körperschäden, nicht von der Umwelt und nicht vom Erbgut. Es besitzt die Kraft zur *Autodetermination*, im Konstruktiven wie im Destruktiven. Das Leib-Seele-Geist Problem aber entpuppt sich bei näherer Beleuchtung als kein Problem zwischen Leib und Seele, die miteinander unvereinbar und doch vereinbar wären, sondern als ein Problem zwischen Abhängigkeit und Freiheit, die miteinander unvereinbar und doch vereinbar sind im Wesen des Menschen, der „mit Haut und Haaren", mit Leib und Seele abhängig ist wie

Christopher Nolan von seiner psychophysischen Behinderung, oder besagter Patient von seinem Herkunftsmilieu und seinen psychosomatischen Reaktionen darauf ..., mit Leib und Seele, aber nicht mit dem Geist, der zu all diesen Abhängigkeiten frei Stellung beziehen bzw. sie ummodellieren kann zu Chance oder zu Krise, zu persönlichem Sieg oder zu persönlicher Niederlage.

Was wir folglich in der Höhe des Menschen finden, um unseren ursprünglichen Gedankenfaden wieder aufzunehmen, das sind nicht seine Selbstverwirklichungsmöglichkeiten, sondern seine *Selbstentscheidungsmöglichkeiten*, das ist die Freiheit des Menschen, unter seinen Selbstverwirklichungsmöglichkeiten manche zu wählen und manche ungewählt vergehen zu lassen; und das ist die Verantwortung des Menschen, sich für diejenigen unter ihnen zu entscheiden, die wert und würdig sind, gewählt zu werden. Wie in der Tiefe des Menschen das unbewusste Getrieben- und Geprägtsein angesiedelt ist, so wohnt in der Höhe des Menschen die bewusste Auseinandersetzung mit Sinn und Werten, weswegen Viktor E. Frankl, der Begründer der Höhenpsychologie, kategorisch erklärt hat: „Die wichtigste Waffe, die es im psychotherapeutischen Arsenal jemals gegeben haben mag, ist die Orientierung des Menschen nach Sinn und Werten."

Bleiben wir noch etwas beim psychotherapeutischen Ansatz. Nach Viktor E. Frankl ist die jeweils anzuwendende (weil potentiell wirksame) Therapiemethode eine Gleichung mit zwei Unbekannten: der einzigartigen Person des Patienten und der einzigartigen Person des Therapeuten, wobei die Beziehung beider zueinander das verbindende Element darstellt.

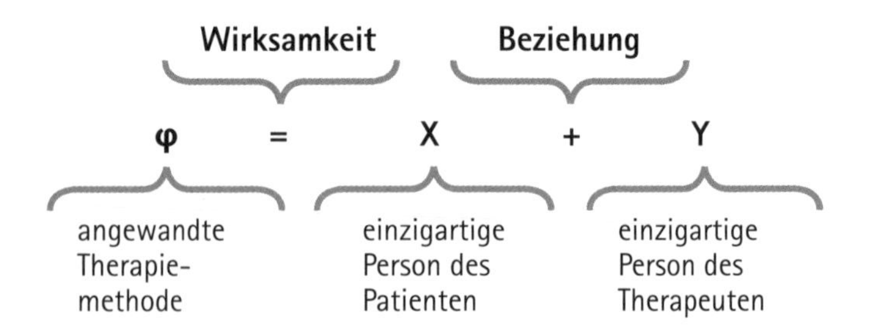

Zu dieser Gleichung gibt es zwei Untersuchungsergebnisse, die nicht aus dem logotherapeutischen Raum stammen, aber logotherapeutische Thesen erhärten und gleichzeitig das Leib-Seele-Geist-Problem aus einer neuen Perspektive aufrollen.

Die erste Untersuchung, die von den amerikanischen Psychologen A. E. Bergin und M. J. Lambert im Jahr 1990 durchgeführt worden ist, beschäftigte sich mit der Frage, welchem der drei Faktoren aus der obigen Gleichung es vorrangig zu verdanken sei, wenn eine Therapie glücke und ein Patient geheilt aus ihr hervorgehe. Das überraschende Resultat dieser großangelegten Untersuchung war, dass es in erster Linie auf die *Person des Patienten* ankommt, nämlich darauf, wie gewillt er ist, seine Krankheit zu überwinden und das Leben aus eigener Kraft zu meistern. In zweiter Linie kommt es auf die *Person des Therapeuten* an, nämlich darauf, wieviel Überzeugungskraft und „Charisma" von ihm ausstrahlt und er kraft dessen geeignet ist, seinen Patienten bei ihren Nöten mit Herz und Verstand beizustehen. Erst in dritter Linie kommt es schließlich auf die angewandte Therapiemethode an, auf die „Schule", der sich ein Therapeut verschrieben hat, bzw. auf sein technisches Rüstzeug, das er erlernt hat.

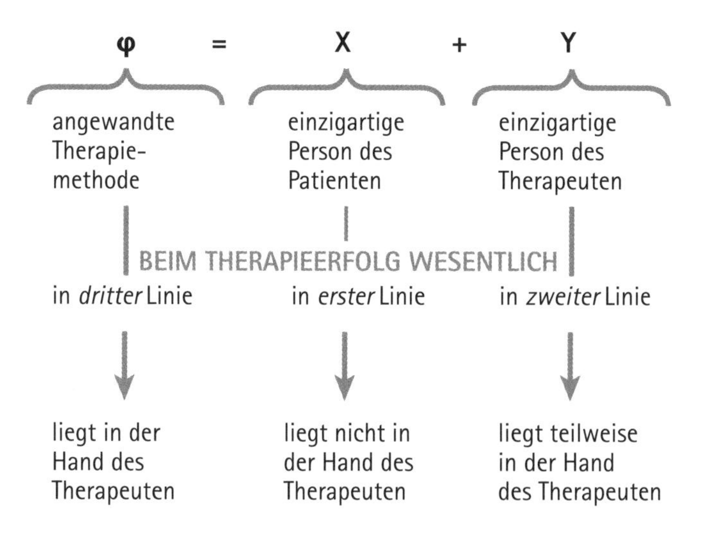

Es ist nicht ohne Pointe zu erfahren, dass dasjenige, worauf es beim Therapieerfolg am allermeisten ankommt, gar nicht in der Hand des Therapeuten liegt, wohingegen es auf dasjenige, was in seiner Hand liegt, am allerwenigsten ankommt! Doch erfahren wir auch, dass es etwas gibt, woran zu arbeiten der Therapeut gehalten ist, weil es zu einem Gutteil in seiner Hand liegt und überdies beim Therapieerfolg immerhin noch eine wichtige Rolle spielt, und das ist seine Persönlichkeit! Alle Begründer von Psychotherapieschulen waren sich darüber im Klaren und haben sich bemüht, ihre Schüler und Nachfolger Selbsterfahrungsprozeduren, Lehranalysen oder Supervisionsverpflichtungen zu unterziehen in der Hoffnung, sie solcherart zu einer „Arbeit an sich selbst“ anzuregen.

In der Logotherapie sprechen wir in diesem Zusammenhang von der „gelebten Logotherapie“, die zur Krönung der gelehrten und angewandten Logotherapie wird. Um

Logotherapie allerdings zu leben, bedarf es dreierlei: einer starken Sinnvitalität, einer belastbaren Leidensfähigkeit und einer ausreichend entwickelten Liebesfähigkeit. Das sind geistige Kapazitäten, die sich nicht in der Tiefe des Menschen, sondern in seiner Höhe entfalten, wie leicht verständlich wird angesichts der Tatsache, dass alle drei über den Menschen hinausweisen auf etwas, das nicht wieder ihn selber meint, also gleichsam dem logotherapeutischen Begriff der „Selbsttranszendenz" (Frankl) Genüge tun. Was hat es im Einzelnen mit ihnen auf sich?

Die *Sinnvitalität* bedeutet nicht mehr und nicht weniger, als dass ein Therapeut, der „als wichtigste Waffe in seinem psychotherapeutischen Arsenal die Orientierung des Menschen nach Sinn und Werten" zum Einsatz bringt (vgl. Frankl-Zitat), sich selber in überwiegendem Maße nach Sinn und Werten orientiert. So selbstverständlich das klingt, darf es doch nicht unerwähnt bleiben. Denn der „Sinn des Augenblicks", das „Werterfordernis der Stunde" kann dem Menschen etwas Unangenehmes abverlangen oder etwas Schweres auferlegen, was ihn in den uralten menschlichen Zwiespalt stürzt, der mitunter klafft zwischen Lust und Sinn oder zwischen Bequemlichkeit und Sinn, oder zwischen Gewinn und Sinn.

Aber nicht nur das. Noch eine andere Verlockung lauert wie ein Schatten am Rande des Sinnhorizonts: der Zweifel. Der Zweifel, ob das Leben überhaupt einen Sinn hat, ob die Schöpfung Sinn hat, ob das tägliche Mühen Sinn hat? Wer kennt nicht jenen Zweifel, der angeflogen kommt und sich einnistet, ehe man sich vorsieht? Wenn alles ringsum trist ist, wenn sich die Enttäuschungen häufen und das Elend kein Ende nimmt, ist der Gedanke blitzschnell da, dass es mit der

Werthaftigkeit der Welt nicht allzu großartig bestellt sein kann. Was bringt ein Therapeut ein wider die eigene Resignation?

Fragen wir die Psychoanalytiker, die Spezialisten für eine Psychologie der menschlichen Tiefe: sie weisen prozentual eine der erschreckendsten Selbstmordraten unter sämtlichen Berufsgruppen auf – kein gutes Aushängeschild! Fragen wir die Logotherapeuten, die Spezialisten für eine Psychologie der menschlichen Höhe: mir ist kein Fall von Selbstmord unter ihnen bekannt. Was bringen sie ein wider die eigene Resignation? Es ist nicht nur ihre Orientierung nach Sinn und Werten allein – bei dieser Orientierung mögen sie zugegebenermaßen des Öfteren fehlen – , nein, es ist ihr Glaube daran, dass alles letztlich seinen Sinn hat, ob er sich offenbart oder nicht, es ist der geradezu kindliche, weil bedingungslose Glaube daran, dass auch die Schatten am Rande des eigenen Sinnhorizonts noch überspannt werden von einem Sinnhorizont, der unermesslich ist. Wer diesen Glauben nicht hätte, könnte Logotherapie nicht leben.

Kommen wir damit zur zweiten geistigen Kapazität, über die eine therapeutisch wirkende Person verfügen sollte, zur *Leidensfähigkeit*. Wofür braucht sie eine solche? Hier die wichtigsten Argumente:

1) Um an fremdem Leid, das ihr in Patientengesprächen zugetragen wird, Anteil nehmen zu können.

2) Um das Leid auszuhalten, etwas sagen zu müssen, das die Patienten vielleicht nicht gerne hören.

3) Um das Leid auszuhalten, mitansehen zu müssen, wie Patienten die angebotene Hilfe verweigern und sich fehlentscheiden.

4) Um das Leid auszuhalten, wenn Patienten aufgestaute Frustrationen und Aggressionen an ihr auslassen.

5) Um eigenes Leid tapfer zu überstehen und dadurch zu bezeugen, dass dies bei positiver Einstellung möglich ist.

Im Übrigen haben aus ähnlichen Überlegungen heraus die meisten Religionsgemeinschaften Kriterien entwickelt, um als ihre Vertreter und Vermittler vor allem *verzichtfähige*, und das heißt: leidensfähige Menschen auszuwählen. Man denke nur an das Zölibat der Priester, an die Gelübde der Ordensleute, an die Selbstbeschränkungen der indischen Bettelmönche oder an die asketischen Gepflogenheiten der Medizinmänner. Selbst die Vestalinnen im antiken Rom mussten erhebliche Opferbereitschaft unter Beweis stellen. Wer ständig mit Angst, Schwäche, Schuld, Verlorenheit und Verzweiflung konfrontiert ist, muss zu seinem Selbstschutz und zum eigenen Heilbleiben nicht nur das Talent in sich finden, Leid lindern zu können, sondern auch die Kraft in sich wissen, notwendiges Leid in Gelassenheit annehmen zu können. Ansonsten wird er entweder von der Fülle fremden Leides, das ihm zur Kenntnis gelangt, ohne dass er es zu beheben vermöchte, erdrückt werden, oder an seinen Misserfolgen und der scheinbaren Undankbarkeit jener Klienten, die sämtliche seiner Versuche, ihr Leid zu beheben, zunichtemachen, innerlich zerbrechen.

Wenden wir uns nun der dritten geistigen Kapazität zu, die zur Persönlichkeit eines Therapeuten unerlässlich dazugehört, der *Liebesfähigkeit*. Natürlich ist damit nicht die Liebe zwischen den Geschlechtern gemeint, keine Liebe vom Naturell des Sexus oder Eros, sondern die Agape in ihrer zartesten und durchsichtigsten Form. Durchsichtig deshalb, weil wir in der Logotherapie die Liebe, die einen Menschen mit einem Anderen verbindet, als ein „doppeltes Erschauen des Anderen“ definieren.. Der Liebende erschaut den Geliebten in seinem realen So-Sein, wobei er bis zum Wesenskern des Anderen vordringt, aber zur selben Zeit erschaut er ihn in dessen Idealform als den Menschen, der dieser Andere bestmöglichst sein und werden könnte. Wieder einmal dehnt sich der Bogen zwischen Sein und Soll, den beiden Eckpfeilern, zwischen denen menschliche Existenz schwingt in einer geistigen Dynamik, die menschliche Höhe konstituiert. Ist es doch ein Charakteristikum der Liebe, dass sie aus jenem „doppelten Erschauen“ heraus ein Doppeltes vollbringt: das Verstehen und Akzeptieren des Geliebten in seinem historisch gewachsenen Sein, und parallel dazu das intuitive Vorwegnehmen verborgener Potenzen und Valenzen des Geliebten, die er in seinem eigenen Interesse und von seinem eigenen Gewissen geleitet mobilisieren soll.

Hierzu liefert uns das zweite Untersuchungsergebnis, dass ich angekündigt habe, eine wertvolle Ergänzung. Es stammt von Milton Erickson und seinem Mitarbeiterkreis und wird in der „Schule des Neurolinguistischen Programmierens“ gelehrt. Und zwar wurde beobachtet, dass Patienten während psychotherapeutischen Sitzungen die Körperhaltung und die durch sie ausgedrückte Stimmung des Therapeuten übernehmen oder sich zumindest davon beeinflussen lassen. Deshalb wird im Rahmen des ,,Neurolinguistischen Programmierens“ dem Therapeuten zweierlei empfohlen. Zum einen soll er am Anfang einer Therapiesitzung seine Körperhaltung, Gestik und Mimik denen des Patienten angleichen, was zur Folge hat, dass der Patient eine gewisse Solidarität des Therapeuten mit ihm, dem Patienten, erlebt und sich ernst genommen und verstanden fühlt. Zum anderen soll der Therapeut mit fortschreitender Sitzung eine immer optimistischere und aufrechtere Haltung einnehmen, was den Patienten sozusagen mitzieht und auch bei diesem allmählich ein Sich-Aufrichten an Leib und Seele auslöst.

Das ist, wie gesagt, eine durchaus empfehlenswerte Taktik im psychotherapeutischen Setting; ein technisches Detail im Methodenrepertoire des Fachmannes, welches sich bewährt hat. Die Franklsche Anthropologie allerdings kann dazu die noch ausständige Einsicht liefern, warum das Detail überhaupt funktioniert. Es funktioniert, weil es künstlich nachstellt, was eine gut entwickelte Liebesfähigkeit des Therapeuten automatisch und unreflektiert bewirkt! Denn wenn ein Therapeut seinem Patienten wirklich liebevoll zugetan ist im Sinne jener zarten Agape, wie ich sie geschildert habe, dann geht es ihm bei einem ersten Kennenlernen um das Erschauen des So-Seins seines Gegenübers im Verstehen, im Sich-Einfühlen, im Begreifen des Faktischen, das vorliegt. Und diese Art von geistiger Annäherung wird ihn unwillkürlich zu einer körperlichen Gleichschließung drängen. Wem Trauriges erzählt wird, der macht selbst ein trauriges Gesicht ... Über das erste Kennenlernen hinaus jedoch wird er beginnen, sein Gegenüber in einer ganz anderen Gestalt zu erahnen: in dessen heilem Menschsein, in dessen fakultativen Chancen, in dessen Ressourcen, die noch schlummern mögen, aber – indem sie einmal erschaut werden – katalytisch zu erwecken sind, um Änderung und Erneuerung zu initiieren. Sobald dieser Prozess in Gang kommt, und der Therapeut in seiner liebevollen Zugewandtheit all die vielversprechenden und erfreulichen

Möglichkeiten des Sein-Sollens und Sein-Könnens seines Patienten wahrnimmt, wird er sich aber ebenso unwillkürlich aufrichten und auch in der Körpersprache jene Ermutigung ausdrücken, die ihn bei seiner geistigen Vision gepackt hat.

Wir sehen, das technische Detail, das sich als Ergebnis langer Beobachtungsstudien herauskristallisiert hat, kann zwar dem Methodenrepertoire des Psychotherapeuten zugerechnet werden (1), doch in diesem Fall bleibt es steril. Es bleibt geschicktes Rollenspiel, eingepasst in ein suggestives Verfahren. Oder es kann als Nebeneffekt des Eigentlichen aufgefasst werden, wobei jenes Eigentliche, das nicht mehr Rollenspiel, sondern Echtheit ist, in der Person des Therapeuten und speziell in seiner Liebesfähigkeit begründet liegt (2). Dass die Effektivität je eine andere sein mag, sei bloß angedeutet.

Was können wir nun all dem zum Thema Leib-Seele-Geist abgewinnen? Beide Untersuchungen geben Kunde von der therapeutischen Beeinflussbarkeit des Leib-Seelischen, *vorausgesetzt*, dass das Geistige im Menschen einem solchen Einfluss zustimmt. Die Quintessenz der erstgenannten Untersuchung, in der festgestellt wurde, dass es in der Psychotherapie in erster Linie auf den Patienten, in zweiter Linie auf den Therapeuten und erst in dritter Linie auf die angewandte Methode ankommt, lautet verkürzt: „Die beste Therapie nützt nichts, wenn der Patient nicht gesund werden *will*." Die Quintessenz der zweitgenannten Untersuchung, in der die Rolle der Körperhaltung des Therapeuten im psychotherapeutischen Gespräch beleuchtet wurde, lautet verkürzt: „Die beste Therapiemethode nützt wenig, wenn der Therapeut nicht (aus einer inneren Liebe zum Nächsten heraus) ehrlich *will*, dass sein Patient gesund wird."

Was heißt das: „Wenn der Patient nicht will ...", „Wenn der Therapeut nicht will ..."? Wenn, mit Wilhelm Keller gesprochen, die „Aufgipfelung des Daseins" nicht hoch genug ist? Wenn die Höhe des Menschen nicht ausreicht? Ja, dann fehlt die Voraussetzung, auf dass Leben gelingt. Dann können wir in der Psychotherapie die großartigsten Techniken einsetzen, aber nicht nur in der Psychotherapie. Dann können wir überall technische Stützen einbauen, in der Industrie, in der Wirtschaft, in der Freizeit, in den Familien, in den Krankenhäusern – nirgendwo wird wahrhaft lebenswertes und menschenwürdiges Leben stattfinden. Wohl wird es machbar sein, Leib und Seele zu manipulieren, und wir sind nicht weit davon entfernt, zu dieser Zuflucht zu greifen. Etwa den Leib zu manipulieren mit Schnelldiäten, Bodybuilding oder Schönheitsimplantaten, und die Seele zu manipulieren mit Aufputschmitteln, Emanzipationsrhetorik oder Selbsterlösungsideen. Doch allemal wird den letzten Ausschlag geben, in welchem Geiste diese Manipulationen geschehen und wieviel „Wille wozu?" dahintersteht. Ist es noch der „Wille zum Sinn" (Frankl), werden wir Leib und Seele bewahren können; ist er es nicht mehr, würde die grandioseste Rettungsaktion wenig helfen.

So soll denn der Beitrag der Logotherapie zum alten Leib-Seele Problem zusammenfassend der folgende sein:

1) Die Erkenntnis, dass dieses Problem überholt ist, und dass Menschsein mit einem Mysterium umfangreicherer Art verwoben ist, nämlich mit einem Leib-Seele-Geist-Problem.

2) Die Erkenntnis, dass das Geistige im Menschen, obwohl es in seinem Vollzug auf Leib und Seele angewiesen ist, das letzte Wort besitzt, indem es seine Zustimmung erteilt oder vorenthält bei allem und jedem, wozu Leib und Seele gebraucht oder missbraucht werden.

3) Die Erkenntnis, dass das Geistige wie auch sein Ausdrucksorgan, der Wille, unabdingbar in einem transsubjektiven, ja, transhumanen Bezug steht, der auf etwas über sich selbst hinausweist – was den Menschen ein Leben lang in einen Spannungsbogen zwischen Sein und Soll stellt.

4) Die Überzeugung, dass dem Menschen auf Grund dieses Bezugs nicht nur eine Tiefendimension eignet, sondern dass er Anteil hat an einer Dimension der Höhe, und dass, wenn es zur Frage kommt, ob sein Leben sinnvoll ist, diese Frage nicht in der Tiefe, sondern in der Höhe entschieden wird.

Jedes Kind eine eigene Persönlichkeit

Der Beitrag der Logotherapie zum alten Leib-Seele-Problem ist gleichzeitig ein revolutionärer Beitrag zur Pädagogik. Denn das Wunder der Menschwerdung, das auf unserem Planeten stattgefunden hat, wiederholt sich in jedem Kinde. Doch leider läuft unser Denken oft in den Schablonen einer Produktionsgesellschaft ab, was uns verleitet, auch unsere Kinder als Produkte anzusehen, die wir in einem langwierigen Erziehungsprozess gefertigt hätten, und die, falls sie Mängel aufweisen, eben das Ergebnis einer mangelhaften Fertigung darstellen würden. In Wirklichkeit ist kein Mensch das Ergebnis seiner Erziehung. Diesbezüglich müssen die Eltern und Lehrer wieder vom „hohen Ross" herunterklettern, auf das sie eine einseitig orientierte Sozial- und Milieupsychologie gesetzt hat. Doch sobald sie bei der nötigen Bescheidenheit angelangt sind, werden sie merken, dass ihnen gleichzeitig mit der Zier dieser Bescheidenheit auch eine Erleichterung zuteil geworden ist: An den Mängeln ihrer Kinder sind die Erziehungspersonen niemals direkt, sondern höchstens indirekt schuld.

Das mag sich für manche Eltern und Pädagogen wie eine ketzerische Behauptung anhören, so als wollte ich die Wichtigkeit einer guten Kinderstube herunterspielen, was aber nicht der Fall ist. Die Erziehung ist ein frühes Auswahlverfahren, und dasjenige, was sie auswählt, ist die vertraute Welt des Kindes. Sie bestimmt gleichsam, was einem Menschen von Anfang an vertraut ist. Sie bestimmt, worin er sich zuhause fühlt, wo er sich auskennt, was seine Vorbilder und Erfahrungen ausmacht, kurz: *das ihm Vertraute.* Mit zunehmendem Erwachsenwerden bricht der Mensch auf ins Unvertraute. Er verlässt nicht nur sein Zuhause, er verlässt auch das ihm Bekannte, um Neues kennenzulernen. Er gewinnt Distanz zu den Vorbildern und Erfahrungen seiner Kindheit und – er übernimmt selbst das Auswahlverfahren, was nunmehr für sein Leben bestimmend werden wird, und was nicht.

Dieser Aufbruch ins Unvertraute kann bedeuten, dass ein junger Mensch sich von seinen Erziehungseinflüssen loslöst und zahlreichen elterlichen Werten und Lebensformen eine

Absage erteilt. Für Kinder, die einem pädagogisch verunglückten Milieu entstammen, in welchem Unruhe, Streit, Trennung und chaotische Zustände an der Tagesordnung gewesen sind, ist es eine Chance, sich davon loszustrampeln und unvertraute Alternativen zu leben. Für manche junge Menschen ist es ein wahrer Segen, dass niemand gezwungen ist, seine Eltern zu kopieren. Für Andere, die einem Milieu voller Geborgenheit und Wärme entstammen, kann der Aufbruch ins Unvertraute auch eine Gefahr sein. Sie entschlüpfen der Behütung und probieren unvertraute Alternativen aus, die unter Umständen katastrophal enden.

Daneben gibt es eine kleine Gruppe von Heranwachsenden, die sozusagen niemals den vertrauten Boden verlassen, obwohl die Türe zur Welt offensteht. Bei ihrem persönlichen Auswahlverfahren stellen sie sich selbst eine Barriere vor die Türe: Sie wagen den Schritt ins Unbekannte nicht. Ja, es gibt Menschen, die ein Leben lang mit den selbsterstellten Barrieren leben, und auch dies hat wiederum ein Janusgesicht. Ist das vertraute Milieu, in dem sie sich einigeln, ein friedliches, das in geordneten Bahnen verläuft, kann sie das Fehlen ihres Wagemutes vor kritischen Eskapaden schützen. Ist es aber ein armseliges oder gar unwürdiges, wird die Barriere vor der Türe zum tragischen Verschluss eines selbstgemauerten Gefängnisses.

Wie dem auch sei, in keinem Fall ist das aus seiner Erziehung Vertraute das einzig Verbindliche für einen jungen Menschen, nicht einmal dann, wenn er sich freiwillig daran bindet. Die Türe zur Welt steht ihm immer offen, die Barrieren vor der Türe können immer noch übersprungen werden. Was erlaubt uns eine solche Zuversicht, dass der Mensch mehr ist als ein Erziehungsprodukt?

Was uns so zu denken erlaubt, ist ein Zweifaches. Zum einen versetzt uns die moderne Genforschung in Erstaunen. Was keimhaft im Menschen angelegt ist, war die Überraschung des späten 20. Jahrhunderts. Im größten Genforschungslabor mit Sitz in Boston hat man eine Art Lexikon der menschlichen Gene zusammengestellt, in dem für jedes Gen die ermittelte körperliche oder seelische Eigenschaft, für die es „zuständig" ist, festgehalten wird. Dieses Gen-Lexikon ist noch nicht komplett vollendet, doch allein das Material, das sich bisher abzeichnet, ist nachdenkenswert genug. Zeigt sich doch mit unübersehbarer Deutlichkeit, dass nicht nur die körperliche Konstitution, etwa in Bezug auf Aussehen, Größe, Gewicht, Gesundheit, Krankheitsanfälligkeit und Lebenslänge, sondern im selben Ausmaß seelische Dispositionen, etwa in Bezug auf Fröhlichkeit oder Traurigkeit des Naturells, soziale Anpassung und Lernfähigkeit, Stärken und Schwächen des Charakters sowie kognitive und emotionale Behinderungen oder Begabungen praktisch vom Augenblick der Zeugung, also von allem Anfang an, in den Genmixturen niedergelegt sind als die unabänderliche Mitgift, die einen Menschen ins Leben begleitet. Fast könnte man sagen: Was die Erziehung an Vertrautem von außen an ein Kind heranträgt, das schenkt das Erbgut ihm an Vertrautem von innen her. Der Mensch spürt bewusst oder unbewusst das in ihm Angelegte als den Handlungsspielraum, zu dem es ihn drängt, dem er sich zugeneigt fühlt, der ihm irgendwie ur-bekannt ist als seinem Typus entsprechend.

Von daher lässt sich die Frage, auf welchem Argument die Zuversicht fußt, dass der Mensch mehr als ein Erziehungsprodukt sei, leicht damit beantworten, dass der Mensch schließlich auch ein Erbprodukt ist, was man zwar seit jeher gewusst hat, aber heute viel exakter nachweisen kann als früher. Doch ich versprach noch ein weiteres Argument, das uns jene Zuversicht erlaubt. Denn es stellt sich heraus, dass der Mensch sogar *mehr* ist als eine Kombination von Umwelt- und Erbeinflüssen. Er besitzt zusätzlich ein *Selbstgestaltungspotential*, das ihn der Tatsache enthebt, überhaupt das „Produkt" von etwas zu sein. Da diese Erkenntnis jüngeren Datums ist, will ich sie ein wenig ausführlicher abhandeln und mich dabei auf ihren berühmtesten Verfechter Viktor E. Frankl berufen.

Viktor E. Frankl ist in der psychotherapeutischen Pionierzeit Anfang des 20. Jahrhunderts aufgewachsen und hatte Kontakt und Gelegenheit zum Gedankenaustausch mit nahezu allen großen „Psychotherapievätern". Dabei unterschied ihn bereits in den 1920er und 30er Jahren eine Besonderheit von den übrigen. Seine Forscherneugierde galt vorrangig dem gesunden Menschen und der Frage, was einen Menschen seelisch gesund erhält. Obwohl er als junger Psychiater den sogenannten „Selbstmörderinnenpavillon" des Wiener Städtischen Nervenkrankenhauses „Am Steinhof" leitete und dabei Erfahrungen an Tausenden von depressiven Patientinnen sammelte, ihren Kindheitserinnerungen lauschte, ihre Vorgeschichten protokollierte und ihre genetische Herkunft studierte, widerstand er der Versuchung, ihre Krankheitsverläufe völlig davon abzuleiten, und verglich stattdessen die erhobenen Daten mit Kontrollgruppen nicht-depressiver und psychisch stabiler Männer und Frauen. Und siehe da, auch in deren Kindheitserinnerungen und Vorgeschichten gab es Wunden und Narben, Unebenheiten und Erziehungsfehler der Eltern, und auch bei deren Ahnen kamen seelische Störungstendenzen vor. Dennoch waren sie gesund geblieben, zumindest unauffällig im klinischen Sinne.

Diese Befunde ließen nur einen Schluss zu: Es existiert eine dritte Komponente, die darüber wacht, ob und in welchem Grade Umwelt und Erbeinflüsse sich im Lebenslauf eines Menschen auszuwirken vermögen. „Tertium datur“, fasste Viktor E. Frankl seine Beobachtungen zusammen, „es gibt ein Drittes“, und das ist die geistige Person des Menschen, die Vertrautes verlassen kann, um ins Unvertraute aufzubrechen, ja, die sich selbst gewissermaßen verlassen kann, um ein Anderer oder eine Andere zu werden. Der Mensch mit gesunder Mitgift kann sich krank-leben – der Mensch mit krankhafter Mitgift kann sich vielleicht nicht immer gesund-leben, aber sogar ihm kann es gelingen, an seiner Krankheit vorbei zu leben und mitsamt seiner Krankheit ein Leben zu führen, das wert ist, gelebt zu werden.

Von woher bezieht der Mensch aber sein Selbstgestaltungspotential? Wir wissen es nicht, wir wissen nur, dass es ihm weder aus der Erbmasse seiner Eltern, noch aus seinem sozialen Umfeld zukommen kann, weil es genau jenes Potential ist, das Erbmasse und Umfeldeinwirkungen eigenständig verarbeitet, wie ein Kraftwerk die Wassermassen eines Flusses verarbeitet, ohne deswegen selber aus Wasser zu bestehen oder daraus hervorgegangen zu sein. Wir sehen, ein Rest an Wunder bleibt, oder anders formuliert, das biblische Wort vom „Geist, der dem Menschen eingehaucht worden ist“, ist bis heute von keiner treffenderen Erklärung abgelöst worden. Darauf anspielend schrieb Viktor E. Frankl:*

* Viktor E. Frankl, Der leidende Mensch, Verlag Hans Huber, Hogrefe, Bern [3]2005, S. 118.

Alles in allem lässt sich somit füglich sagen: dass das Kind wohl „Fleisch vom Fleische" seiner Eltern ist, aber nicht Geist von ihrem Geiste. Immer ist es nur ein „leibliches" Kind – und zwar im wahrsten Sinne des Wortes: im physio-logischen Wortsinn; im metaphysischen Sinne hingegen ist eigentlich jedes Kind – Adoptivkind. Wir adoptieren es in die Welt, ins Sein hinein.

Im Folgenden sei abgedruckt, was ich einmal den Teilnehmerinnen und Teilnehmern einer Erzieherfortbildung unter Bezugnahme auf diesen logotherapeutischen Standpunkt als Thesenpapier überreicht habe:

Ich möchte, dass Sie sich ausrechnen können, wie groß bzw. klein Ihr Anteil an der Entwicklung der von Ihnen betreuten Kinder ist. Gleichzeitig möchte ich Sie zur Bescheidenheit motivieren, um Ihnen falsche Schuldkomplexe zu entwinden und Enttäuschungen zu ersparen. Sind Sie Vater oder Mutter, haben Sie Ihr Erbgut für Ihr Kind bereitgestellt. Aber Vorsicht: Darin mischen mehr Anlagen von Ihren Vorfahren mit, als von Ihnen selbst! Sind Sie Vater oder Mutter, haben Sie ferner einen Großteil der Erziehung Ihres Kindes geleistet. Aber wiederum Vorsicht: Die Modetrends, die Schule, die Kameraden und die Medien erziehen kräftig mit! Sind Sie Vater oder Mutter, haben Sie, was das Selbstgestaltungspotential Ihres Kindes betrifft, de facto nichts zu reden. Was Ihnen spätestens in dessen Pubertät klar werden oder geworden sein wird.

Möglicherweise ist das Verhältnis zwischen Ihnen und Ihrem Kinde dann tragfest genug, auf dass beide Seiten einander in Freundschaft respektieren. Vielleicht aber gibt es auch heftige Kämpfe in der Familie, wenn Ihr Kind beginnt, das Vertraute zurückzuweisen und sich „unvertraut" zu benehmen. Vielleicht kommen bei Ihnen als Vater oder Mutter dann Ängste hoch von der Art, dass all Ihre Bemühungen umsonst gewesen sein könnten, weil das Kind einen problematischen Weg einschlägt, der nicht ohne Grund Ihr Missfallen erregt. Da kann man nur sagen: „Liebe Mutter, lieber Vater, Ihr Kind ist nicht Geist von Ihrem Geiste. Sie haben es in die Welt hinein ‚adoptiert', und wenn es jetzt erwachsen wird, gehört es der Welt und nicht Ihnen. Es wird die Welt in seinem Geiste bewohnen, benützen, verändern und bereichern, nicht in Ihrem Geiste. Sie haben Ihr Kind zwar mit vielem vertraut gemacht, aber erwarten Sie nicht, dass es beim Vertrauten stehen bleibt oder es auch nur wertschätzt. Es wird unaufhaltsam seinen Weg gehen. Sie aber können ihm Ihre besten Wünsche hinterherschicken."

Sind Sie im Unterschied dazu kein leiblicher Elternteil, sondern Lehrerin oder Lehrer, Pflegemutter oder Pflegevater, Stiefmutter oder Stiefvater, Tagesmutter, Erzieherin oder Erzieher, sieht die Sache noch anders aus. In diesem Falle hat das von Ihnen betreute Kind ein fremdes Erbgut, das ihm vertraut ist, Ihnen jedoch nicht. Es hat auch meistens längere Zeit hindurch eine Erziehung genossen, die nicht die Ihre war; von sonstigen Umwelteinflüssen ganz zu schweigen. Und was sein Selbstgestaltungspotential betrifft, so haben Sie nicht mehr Mitspracherecht als leibliche Eltern, nämlich keines. Jetzt können Sie sich Ihren Anteil an der Entwicklung solcher Kinder ausrechnen: Ihre einzige Chance zur pädagogischen Impulsgebung und Ihre einzige Bürde der Verantwortung betrifft Ihren gegenwärtigen Umgang mit dem Kind, bzw. das Erziehungsmilieu, das Sie ihm hier und heute bieten.

Auch da ist jedoch Vorsicht vor jeglicher Überschätzung am Platz. Denn entweder ist das von Ihnen betreute Kind noch jung, sagen wir: präpubertär. Dann wird es von der doppelten Mitgift seiner Herkunft – die nicht die Ihre ist – stark geformt sein; und bei schlechten Voraussetzungen trotz aller Bemühungen Ihrerseits geschädigt sein. Oder es ist schon älter, sagen wir: postpubertär. Dann wird es seine Prägungen in Selbstgestaltung entprägen und sich neu prägen können; aber dann wird es dasselbe auch mit den Inhalten Ihrer Bemühungen tun, sie nämlich nicht unkritisch übernehmen, sondern sie auf seine Weise hinterfragen. Da kann man nur sagen: „Liebe Pflegemutter, lieber Pflegevater, liebe Lehrerin, lieber Lehrer ... Sie haben Kinder, die weder ‚Fleisch von Ihrem Fleische' noch ‚Geist von Ihrem Geiste' sind. Sie können ein solches Kind nicht einmal in die Welt hinein adoptieren, nur ein Stück weit gemeinsam mit ihm des Weges ziehen. Und wenn es hoch kommt, wird dieser gemeinsame Wegabschnitt dem Kinde ähnlich vertraut werden wie die Wege, die es vorher gegangen – oder herumgeirrt ist. Doch selbst wenn Sie einen guten Weg ausgesucht haben, und selbst wenn sich das Kind dort wohl gefühlt hat, wird es eines Tages neue Wege einschlagen, jenseits der Spur des Vertrauten. Das ist keine Undankbarkeit gegenüber der zeitweisen Gefährtenschaft, die Sie einem solchen Kinde gewährt haben, und zeigt auch keine etwaige Fruchtlosigkeit Ihrer Bemühungen, sondern lediglich, dass das Kind – nunmehr der Kindheit entwachsen – sein eigenes Leben zu leben beginnt. Was Sie nicht daran hindern soll, ihm ebenfalls Ihre besten Wünsche hinterherzuschicken."

Wenn Sie den bisherigen Perspektiven gefolgt sind und eingesehen haben, dass Ihr Anteil an der Entwicklung Ihrer Kinder, seien es eigene oder fremde, relativ gering ist, werden Sie sich allmählich stirnrunzelnd fragen, ob denn Ihre tägliche Erziehungsarbeit überhaupt Sinn hat. In dieser Hinsicht kann ich Sie voll und ganz beruhigen. Auf der wirklichkeitsnahen Grundlage der Bescheidenheit lässt sich ein ausreichendes pädagogisches Selbstbewusstsein errichten. Wiederholt wurde betont, dass Erziehen vertraut machen heißt, vertraut machen mit Lebensstil und Lebensgewohnheiten, vertraut machen mit Selbst- und Weltinterpretationen, vertraut machen mit theoretischen Kenntnissen und praktischen Fertigkeiten, nicht zuletzt vertraut machen mit ethischen und pathischen Werten. Nun ist unbestritten, dass jeder Mensch jederzeit leicht zu Vertrautem zurückkehren kann, wenn er sich davon entfernt hat. Das Schwierige ist stets das Wagnis des Neuen, während ein Zurückgreifen auf Vertrautes einfach ist. Das bedeutet: Mit je mehr und je besseren Lebenswegen Sie Ihre Kinder vertraut gemacht haben, desto heilsamere Chancen haben diese ein Leben lang, zu guten Zufluchtspunkten zurückzufinden und sich an korrigierenden Wendepunkten zu orientieren, sollten sie eines Auswegs und einer Umkehr bedürfen. Freilich werden die Kinder als Erwachsene mit größter Wahrscheinlichkeit nicht bloß den vorgegebenen Routen folgen, sondern zu manchen Abenteuern aufbrechen, aber wenn es nottut, wenn sie in der Sackgasse stecken, werden sie von der Erinnerung an eine Richtung profitieren, die ihnen einst von liebevollen Menschen gewiesen worden ist.

Wieviel schwerer haben es dagegen jene, denen just das Nichtvertrauenswürdige das Vertraute ist. Die als Kinder und Jugendliche rutschiges Gelände kennengelernt haben, in dem die eine oder andere sumpfige Falle lauert. Sie gehen nicht mit dem Urvertrauen durchs Leben, jederzeit zu den Pfaden der Geborgenheit zurückkehren zu können, sondern mit der Urangst durchs Leben, dass das Neue, das Abenteuer gelingen muss, weil eine Umkehr sie wieder in den Sumpf zurückführen würde. Ihre Hoffnung ist ihr geistiges Selbstgestaltungspotential, mit dessen Hilfe sie sich eigene Pfade durchs Gestrüpp bahnen können, unbekannten und vielleicht gangbareren Gebieten zu, doch das kostet Anstrengung und die Auslieferung ans Unbekannte ohne Rückhalt im Bekannten.

Sie sehen, es ist kein Widerspruch, zu behaupten, dass die Erziehung den Menschen nicht produziere, ja, dass sogar jedes Kind eine eigene Persönlichkeit ist, die sich mit zunehmender Entwicklung selbst gestaltet; und andererseits die Wichtigkeit einer sorgfältigen und liebevollen Erziehung herauszustellen, die gerade darin besteht, diese Persönlichkeit mit so viel positiven Lebenselementen vertraut zu machen, wie nur möglich, um es dann ihr zu überlassen, ob und wann sie davon Gebrauch machen wird und wann nicht.

In diesem Zusammenhang möchte ich diejenigen trösten, die mit Kindern zu tun haben, die in ihrer Vorgeschichte tatsächlich vielfach Sumpf und Gestrüpp kennen gelernt haben, um im Gleichnis zu sprechen; mit Kindern, die einem fragwürdigen Milieu entstammen, zerbrochenen Familien, sozialen und wirtschaftlichen Missständen oder erziehungsunfähigen Eltern. Wenn solche Kinder in Ihre Obhut gelangen, geben Sie sich nicht der Illusion hin, die Scherben wieder reparieren zu können. Sie können das nicht, aber die Kinder werden eines Tages dazu in der Lage sein, dessen seien Sie gewiss. Und für diesen Tag, an dem die Kinder reif genug sein werden, um ihrer unglückseligen Mitgift zu trotzen und sich für ein selbstgewähltes Leben zu entscheiden, für diesen Tag statten Sie die Kinder mit ein paar guten, vertrauten Wegen auf der Landkarte ihrer Erfahrungen aus; mit ein paar Wegkreuzungen, die aus dem

Sumpf heraus helfen, und mit ein paar Erinnerungen an Wärme und Herzlichkeit. Mehr ist Ihnen nicht abverlangt, mehr ist auch weder möglich noch nötig. Eine verpfuschte Kindheit kann niemand auslöschen, aber aus einer verpfuschten Kindheit heraus muss auch niemand in ein verpfuschtes Leben eintreten, denn der ‚Geist, der uns eingehaucht worden ist', macht alles neu ...

Um meinen Empfehlungen für Erzieherinnen und Erzieher mehr Konkretion zu verleihen, habe ich damals vier Regeln angeboten, die sowohl für leibliche Eltern, als auch für Adoptiv-, Stief- und Pflegeeltern und für alle pädagogisch Tätigen gleichermaßen bedeutsam sind, weil sie sich nicht unmittelbar mit dem Erziehungsauftrag beschäftigen, sondern mit der Grundsteinlegung des „vertrauenswürdig Vertrauten", das manchen Kindern abgeht, und das ihnen nachgereicht werden sollte, solange sie noch Kinder sind, und solange es wenigstens einen Erwachsenen gibt, dem sie nicht gleichgültig sind.

Die vier Regeln lauten:

1) Ein „pathogenes Klima" vermeiden!
2) Barmherzigkeit über Ehrgeiz stellen!
3) Selber vorleben statt kommandieren!
4) Nichts erwarten und alles erhoffen!

Überlegen wir uns die vier Regeln im Einzelnen. Was ist mit einem „pathogenen", also seelisch krankmachenden Klima gemeint, von dem es in der 1. Regel heißt, man solle es zu vermeiden trachten? Ich will ein Beispiel schildern. Eine

14jährige wird, nachdem sie bei verschiedenen Tanten und Onkeln gelebt hat und öfters weitergereicht worden ist, in einem Kinderheim untergebracht. Dort benimmt sie sich störend und provokativ, gliedert sich in die Gruppe nicht ein und verweigert ihre kleinen Pflichten. Deshalb wird sie gemieden, und die Heimerzieherinnen sind froh, wenn sie in der Schule ist bzw. sich am Nachmittag auf der Straße oder im Park aufhält. Kommt sie abends ins Heim zurück, geht ein Seufzen reihum: „Ach je, die ist wieder da!" Jeder fürchtet Ärger mit ihr, der auch prompt eintritt.

Bei einer solchen Konstellation gibt es eine vordergründige Logik und eine „Logik des Herzens". Die vordergründige Logik besagt, dass das Mädchen selber daran schuld ist, dass keiner es mag. Es müsste sich nur freundlich und kooperativ verhalten, dann bekäme es auch eine positive Resonanz. Gegen diese Logik ist nichts einzuwenden; sie stimmt, aber sie trägt keine Früchte. Denn mittlerweile hat sich im Lebensraum des Mädchens ein pathogenes Klima gebildet, in dem Eigenschaften wie Freundlichkeit und Kooperationsbereitschaft nicht gedeihen, oder nur unter Einsatz stärkster geistiger Trotzkräfte zu realisieren sind, über die eine 14jährige noch nicht verfügt.

Ein pathogenes Klima ist nämlich eines, in dem einem das eigene Ungeliebt- und Unerwünschtsein an hundert Kleinigkeiten deutlich zu Bewusstsein kommt. Man stelle sich vor, ein älterer Mann geht täglich an seinen Arbeitsplatz, wissend, dass sein Vorgesetzter und seine sämtlichen Kollegen die Tage bis zu seinem Ausscheiden zählen und ihn nur noch gezwungenermaßen dulden. Oder man stelle sich eine kränkliche Frau vor, die bei der Familie ihrer Enkelin wohnt, wissend, dass sie dieser Familie zur Last fällt, und dass jedes Familienmitglied insgeheim hofft, es möge mit ihr nicht mehr lange dauern. Das sind typische Fälle von Menschen, die in einem pathogenen Klima leben, was sie mit der Zeit seelisch deformiert. Denn man kann fast nicht gesund bleiben, wenn man sich in einem engen mitmenschlichen Kreis befindet, der aufatmet, sobald man weg ist, und stöhnt, sobald man zurückkehrt; der einem somit die unausgesprochene, doch unüberhörbare Botschaft vermittelt: „Es wäre besser, es gäbe dich nicht!"

Natürlich ist die vordergründige Logik, wonach man im Allgemeinen selber zur misslichen Situation beigetragen hat, nicht von der Hand zu weisen. Weswegen mit Erwachsenen, die sich einem derartigen pathogenen Klima ausgesetzt fühlen, therapeutisch dahingehend gearbeitet wird, dass sie das Ihrige unternehmen, um sich in ihrem Kreis beliebter zu machen. Doch selbst Erwachsene kostet es eine immense Kraft, angesichts einer eisigen Front von Ablehnung plötzlich ein sonniges Gemüt hervorzukehren und sich „des Liebens wert" zu benehmen, was eine gute Chance hat, langfristig das Eis der Front wieder abzutauen. Kommen wir nun auf unsere 14jährige zurück. Sie ist bereits seelisch angeschlagen ins Heim gelangt, hat dort bewirkt, dass ein pathogenes Klima um sie herum entstanden ist, und wird durch dieses Klima zusätzlich immer mehr geschädigt. Es ist die „Fallgrube" aller „schwarzen Schafe", in die sie hineinplumpsen, um vielleicht nie mehr herauszukriechen.

Hier setzt die „Logik des Herzens" ein, die besagt, dass der mitmenschliche Kreis einen Vorschuss leisten muss, indem er aus freien Stücken das Klima im Positiven verändert. Verändert, obwohl das „schwarze Schaf", in unserem Beispiel das Mädchen, nach wie vor ruppig und „ungenießbar" sein wird. Schlichtweg verändert, ohne Gegenleistung zu fordern. Indem jemand aus diesem Kreis anfängt, dem Mädchen zu signalisieren: „Es ist schön, dass du da bist. Es ist gut, dass es dich gibt. Ich freue mich, dich zu sehen. Sei uns willkommen!"

Das ist es – so wenig und so unendlich viel. Es behebt die Störungen des Mädchens nicht, aber es verhindert, dass weitere Störungen dazukommen. Und es schafft Raum für eine langsame seelische Erholung. Damit ist nicht gemeint, dass jedwedes rüpelhafte Verhalten des Mädchens begrüßt werden sollte, sondern dass, selbst wenn Fehlverhalten gerügt werden muss, die *Person*, die sich fehlverhält, nicht zurückgestoßen wird. Die Botschaft heißt ja nicht: „Deine Fehler sind uns willkommen!", die Botschaft heißt: „Du bist uns willkommen, mitsamt deinen Fehlern!" Wer die Bereitschaft aufbringt, den Kindern – und Erwachsenen – in seinem engeren familiären oder beruflichen Kreis hin und wieder einen solchen Vorschuss zu schenken, der hilft entscheidend mit, dass sich auch in einem belasteten Leben keine Verzweiflung ansammelt, die anderenfalls leicht eskalieren könnte.

Wenden wir uns jetzt der Regel Nr. 2 zu, die lautet: Barmherzigkeit über Ehrgeiz stellen! Was fast wie eine identische Regel anmutet, denn Vorschüsse sind eigentlich nichts anderes als Akte der Barmherzigkeit. Doch bei Regel Nr. 2 ist ein weiterer Aspekt involviert: die „Erziehungskonkurrenz". Ausgerechnet gute Pädagogen, ob Eltern oder Professionelle, neigen dazu, allergisch auf (ihrer Ansicht nach) verderbliche Erziehungseinflüsse seitens sonstiger Bezugspersonen ihrer Schützlinge zu reagieren. Nach dem Motto: „Ich plage mich, dass aus dem Kinde etwas wird, und der Andere macht meine Mühe wieder kaputt!" kämpfen sie verbissen gegen die fremden Einflüsse an oder resignieren, wenn sich dergleichen nicht ausschalten lassen.

Besonders krass wogt dieses Gerangel zwischen Schule und Elternschaft einerseits und zwischen leiblichen und nicht leiblichen Eltern andererseits. Wobei eine gewisse Tragik darin liegt, dass jene um das Wohl der Kinder kämpfenden Erziehungspersonen, eben weil sie vielfach gute Pädagogen sind, meist nicht unrecht haben mit ihren Befürchtungen. Und doch irren sie, wenn sie glauben, dass ihr Widerstand den Kindern nützt. Denn den Kindern, die die gegenseitigen Animositäten der Erwachsenen mit offenen Augen und Ohren mitverfolgen, wird dabei unvermeidlich Nichtvertrauenswürdiges vertraut gemacht: Feindschaft, Rivalität, Besserwisserei, Verachtung und Aburteilung von Mensch zu Mensch.

Greifen wir als Beispiel die speziell schwierige Lage von Pflegeeltern heraus, die ein verwahrlostes Kind in ihre Familie aufgenommen haben, weil die leibliche Mutter nicht sesshaft und der leibliche Vater unerreichbar ist. Die Pflegefamilie tut alles, um das Kind in ein normales Leben zu integrieren. Sie sorgt für saubere Kleidung, für regelmäßiges Essen, hilft bei den Schulaufgaben, geht mit dem Kind wandern, lehrt es Basteln und Spielen, und feiert Feste mit ihm. Unerwartet taucht die leibliche Mutter wieder auf, behauptet, ein Zimmer gemietet zu haben, und will ihr Kind zu sich holen. Welch ein Dilemma! Kann man der Mutter das Kind zurückgeben, um es ein halbes Jahr später gegebenenfalls erneut verschmutzt und heruntergekommen in einem Obdachlosenquartier aufzulesen? Darf man das Kind der eigenen Mutter vorenthalten und die Mutter einfach wegschicken? Die Behörden und Jugendämter bemühen sich redlich, zwischen den jeweils negativen Alternativen die am wenigsten negative herauszufinden, doch, ehrlich gesagt, weiß jeder der Beteiligten, dass es keine wirklich vertretbare Lösung gibt.

Angesichts dieser Sachlage, die sich uns ohne Patentrezepte präsentiert, ebnet die Regel Nr. 2 wenigstens den Weg zu einer humanen Handhabung des Unlösbaren. Sie rät dazu, Barmherzigkeit zu üben, und zwar nicht nur den Kindern gegenüber, wie in Regel Nr. 1 dargelegt, sondern auch ihren übrigen Bezugspersonen gegenüber, und seien sie noch so „erziehungsungeschickt". Sogar wenn eine Mutter, ein Stiefvater, eine Oma oder ein Lehrer unerfreulichen Einfluss auf ein Kind gewinnt, was vorkommen kann, ist es immer noch besser, diese Bezugsperson einzubeziehen, anzuhören, zu verstehen zu versuchen und versöhnlich zu behandeln, als sie zu ignorieren oder mit wütenden Argumenten abzuwehren. Bezieht man sie ein, nimmt man nicht nur einem „Tabuisierten" die Attraktivität, und dem Kind das zweifelhafte Vergnügen, den einen gegen den Anderen auszuspielen, sondern man lässt das Kind überdies etwas ihm genetisch durchaus Vertrautes erleben: eine Großfamilienstruktur.

Nicht ohne Grund trauern wir den Großfamilien früherer Zeiten nach, die für ihren Nachwuchs ein hohes Maß an Geborgenheit bei gleichzeitiger Anregungsvielfalt und Dichte sozialer Anpassungsprozesse gewährleistet haben. Nun, überall dort, wo heute mehrere Bezugspersonen am Werke sind, weil die Kinder aus getrennten, geschiedenen, wiederverheirateten Partnerschaften stammen, unterschiedliche Pflegeplätze, Heime, Internate gewöhnt sind, etc., bietet sich die Gelegenheit an, das Übel umzufunktionieren in eine großfamilienähnliche Struktur, bei der die Pflegemutter etwa an Stelle einer Großtante, und das Stiefgeschwister an Stelle eines Cousins steht. Dass eine solche nicht gewachsene „Großfamilie" auch ihre Schwächen hat, erübrigt sich zu diskutieren, dennoch ist sie einem Kind mehr Heimatboden, ermöglicht ihm mehr Wurzeln-Schlagen, als wenn ein oder zwei Bezugspersonen an ihm festklammem in dem ehrgeizigen Plan, eine Supererziehung zu vollbringen, die durch keinerlei Fremdeinflüsse getrübt sein soll. Was aber die sogenannten „verderblichen Einflüsse" betrifft, haben wir bereits ausführlich gehört, dass jedem Kind ein Selbstgestaltungspotential eignet, kraft dessen es mit zunehmendem Alter selbst bestimmt, welcher Einfluss in welcher Bedeutsamkeit für es maßgeblich sein wird.

So hat die Supererziehung manchen Kindes schon das Resultat gezeitigt, dass es sich, erwachsen geworden, aus einem Nachholbedürfnis heraus in ein wildes Leben gestürzt hat. Wohingegen Kinder aus Alkoholikerfamilien bekannt sind, die als Erwachsene völlig abstinent leben, abgeschreckt von den desolaten häuslichen Szenen aus ihrer Jugendzeit. Ziehen wir daraus das Fazit: Die Kinder von heute, die zu einem erschreckend hohen Prozentsatz das Scheitern zwischenmenschlicher Beziehungen erfahren haben, sollten vor allem und über allem mit Liebe und Frieden vertraut gemacht werden, notfalls auch mit „Frieden mit dem pädagogischen Feind".

Hier schließt sich nahtlos die Regel Nr. 3 an, die lautet: Selber vorleben statt kommandieren! – denn Liebe und Frieden lassen sich gar nicht anders lehren, als sie zu leben. Aber ganz gleich, was wir lehren wollen, nichts ist von derselben Durchschlagskraft wie das lebendige Vorbild. Überhaupt kann man den Eltern und Erziehern nur raten, sich weniger um die zahlreichen Reize und Verlockungen zu sorgen, die auf ihre Kinder einstürmen, und sich mehr um die eigene Modellhaftigkeit zu sorgen, die des Kindes ursprünglichste Orientierungstafel ist, auf der eingraviert steht, wie Leben geht. Befragt man beispielsweise Eltern von drogenabhängigen Jugendlichen, ob sie selber rauchen, trinken oder Tabletten konsumieren, erhält man zu 98% ein leises „Ja“, sofort verbunden mit der Rechtfertigung, dass zwischen einer Zigarette, einer Schmerztablette oder einem Gläschen Wein und einer Heroinspritze immerhin ein erheblicher Unterschied ist. Gewiss, es ist ein Unterschied, doch bloß ein gradueller, kein prinzipieller. Auf der Orientierungstafel, die sie ihren Kindern ins Leben mitgegeben haben, steht eingraviert: „Wenn man sich unbehaglich fühlt, greift man zu einem Mittelchen, und im Handumdrehen fühlt man sich besser. So geht Leben“, eine nicht ungefährliche Gravur. Freilich wissen wir längst, dass die Kinder sich in ihrem geistigen Potential über alle Orientierungstafeln hinwegzusetzen vermögen. Aber genauso gut haben sie auch die Freiheit, das Eingravierte zu übernehmen, und für diesen Fall sollten wir ihnen eine Tafel hinterlassen, deren Inhalt wir verantworten können.

Was wir also von unseren Kindern wollen – holen wir es nicht mit Druck und Nörgelei aus ihnen heraus, sondern leben wir es! Wir wollen, dass sie kleine Frustrationen aushalten und nicht wegen jeder Enttäuschung losheulen? Gut, dann prüfen wir uns: wie tapfer ertragen wir unseren Alltagskummer? Gehören wir zu den „Stehaufmännchen“ und „Stehaufweibchen“, die sich immer wieder aufrichten, oder schleichen wir selber mit sauertöpfischer Miene durchs Haus, wenn uns etwas misslungen ist? Was wollen wir noch von unseren Kindern? Dass sie fleißig lernen und ihre Zimmer aufräumen? Prüfen wir uns wieder: wie steht es mit unserer eigenen Arbeitsmoral? Arbeiten wir mit Freude, sind wir erfüllt von dem, was wir tun? Beglückt uns eine schöne Umgebung und pflegen wir sie? Gibt es noch etwas, das wir von unseren Kindern wollen? Vielleicht, dass sie Freunde haben, dass sie mit Anderen auskommen und nicht ständig streiten? Wieder ist der prüfende Blick in den Spiegel fällig. Haben wir einen netten Bekanntenkreis, pflegen wir eine gute Nachbarschaft, kommen wir mit den Arbeitskollegen zurecht? Wenn der Spiegel unserer Seele nicht alles zu unserer Zufriedenheit beantwortet, wird es Zeit, ein wenig von unserem eigenen Selbstgestaltungspotential zu aktivieren und nachzuhelfen, dass das Bild im Spiegel, das zugleich das Vorbild unserer Kinder ist, noch mehr vom Gewollten wiedergibt, nämlich von dem, was wir eigentlich von unseren Kindern wollen.

Eltern und Lehrer, die ihren Kindern Qualitäten abverlangen, die sie selber nicht besitzen, haben keine Glaubwürdigkeit. Sie können zwar mit Drohungen einiges erreichen, aber die Gewalt kommt bekanntlich schnell an ihre Grenzen. Das Abverlangen von Qualitäten, die man selber besitzt, ist im Vergleich dazu unproblematischer, dennoch sei auch diesbezüglich vor Illusionen gewarnt. Wirklich erfolgreich abverlangen kann man in Wahrheit *immer nur sich selber etwas*, alles andere wird, wenn nicht auf Einsicht, dann auf Widerstand stoßen. Stößt es auf Einsicht, geht es zunehmend in Selbstforderung über, was die Fremdforderung allmählich überflüssig macht; stößt es hingegen auf Widerstand, artet es leicht zur Machtprobe aus, und davon haben heutzutage viele Familien mehr als genug.

Man möchte den Eltern und Lehrern zurufen: „Lassen Sie sich um Himmels willen auf keine Machtproben mit den von Ihnen betreuten Kindern ein! Die Kinder sind findig, und sie haben die unverbrauchteren Nerven und die geringeren Hemmschwellen als Sie. Vor allem Jugendliche setzen auch aggressive und autoaggressive Methoden wie Ausreißen, Magersucht, Schulverweigerung, Cliquenbildung usw. ein. Wenn Widerstand mit Widerstand erwidert wird, ist das Ende der gegenseitigen Erträglichkeit bald erreicht, und dann bleibt nur noch ein verbittertes Auseinanderrücken, bei den Kindern eine zerbrochene Orientierungstafel, und bei den Eltern oder Erziehungspersonen ein dumpfes Schuldbewusstsein, versagt zu haben. Keine Forderung, die Sie an Ihre Kinder haben mögen, ist ein solches Ende wert!"

Von der Richtigkeit einer Lebensweise überzeugen kann man, wie gesagt, nicht durch Kommandos, sondern einzig dadurch, dass man sie selber praktiziert und dabei ruhig und ausgeglichen demonstriert: „Ja, so geht Leben. So geht es gut." Wenn die jungen Menschen sich dann nicht daran orientieren, ist das ihre Sache; die Orientierungstafel jedenfalls wurde ihnen überreicht, und die ist heil. Dies soll unsere Gedanken überleiten zur letzten Regel, die eine der sinnreichsten Forderungen enthält, die Erzieher an sich stellen sollten: Nichts erwarten und alles erhoffen!

Hier schließt sich der Bogen zu unserem Anfangsthema zurück, zu der gigantischen Erkenntnis, dass im Menschen alles drinnen ist, Engel und Teufel, Held und Angsthase, Nachahmer und Neuschöpfer, alles, wozu er sich gestaltet. Wir können nicht erwarten, dass sich unsere Kinder wohlgefällig entwickeln werden, etwa gar auf Grund unserer Erziehung – woher nehmen wir eine solche Erwartung? *Jedes Kind ist eine eigene Persönlichkeit,* und unsere Bemühungen um es sind – um ein Gleichnis von Viktor E. Frankl zu benützen – nichts anderes als Zulieferungen von Baumaterial an diese Person. Das Kind selbst wird später der geistige Baumeister und Bauherr seines Lebensgebäudes sein, und ob es das von uns gelieferte oder anderes Baumaterial für seine Konstruktionen verwendet, liegt in seinem Ermessen. Unsere Aufgabe ist es lediglich, ihm die kurze Zeit lang, die *wir* es mit Lieferungen versorgen, ein Material beizusteuern, das, falls es in seine Konstruktionen eingearbeitet wird, sein Lebensgebäude hält und nicht zum Einsturz bringt.

Erwarten können wir also nichts, aber erhoffen dürfen wir alles, was wir unserem Kinde wünschen. Denn wenn das Kind aus unseren Bemühungen nur *eines* herausgespürt hat: dass es uns lieb und wert ist, wird es auch Vertrauen haben zu dem von uns gelieferten Baumaterial, und wird irgendwann einmal darauf zurückgreifen, um dort weiterzubauen, wo unsere Generation zu bauen aufgehört hat.

Person sein – Person bleiben in der Familie

Wenn jedes Kind und jeder Mensch eine eigene Persönlichkeit ist, wie steht es dann mit der Person im Familienverband? Wird sie in ihrem Person-Sein nicht eingeengt durch die Wünsche und Bedürfnisse der anderen Familienmitglieder? Und wie steht es ferner mit dem Wirkungs- und Arbeitsbereich einer Person angesichts ihrer Familienzugehörigkeit? Wird sie nicht „gespalten" zwischen den Ansprüchen des Arbeitsplatzes und denen ihrer Familie? Dazu tun sich viele bedrängende und aktuelle Fragen auf, die ich in vier Abschnitten einer logotherapeutischen Antwort zuführen möchte. Wahrscheinlich gibt es keine vollkommen zufriedenstellenden Antworten, doch zeichnen die vier Abschnitte einen Weg von der Freiheit zur

Verantwortung nach, der gleichzeitig der Weg jeder gereiften Persönlichkeit ist. Denn Unfreiheit bedeutet eine Fesselung der Person, ob es sich um aufgezwungene oder selbst angelegte Fesseln handelt. Und Freiheit ohne Verantwortung bedeutet eine Fehlentwicklung der Person, welche Unglück verbreitet, sei es fremdes oder eigenes Unglück. Die freie und verantwortungsvolle Persönlichkeit hingegen ist fähig, sowohl im Berufs- als auch im Privatleben das Sinnvollste unter den jeweiligen Gegebenheiten zu erspähen und zu seiner Verwirklichung zu bringen – und Sinnverwirklichung ist die solideste Grundlage eines beständigen Glücks, die es gibt.

Heutzutage ist das Berufs- und Privatleben meist voneinander getrennt, aber da der Mensch eine unteilbare Einheit bildet, überträgt er Erfahrungselemente aus dem einen in den anderen Bereich. Sollte er daher in seinem Privatleben „Schiffbruch" erleiden, das heißt, entweder ein unfreies, gefesseltes Dasein führen, oder seine Freiheit in verantwortungsloser Weise ausüben (was seine Partnerschaft bzw. Elternschaft gefährdet), wird dies nicht ohne Folgen für sein Berufsleben bleiben. Denn selbst wenn er sich beruflich ganz anders benimmt als zu Hause und sogar eine viel höhere Wertschätzung genießt als zu Hause, formt sich seine Persönlichkeit mehr und mehr nach seinen Taten; und so mancher berufliche Zusammenbruch ist schon deshalb geschehen, weil die Persönlichkeit eines Menschen plötzlich nicht mehr hielt, was sie bis dahin versprach.

Aus diesem Blickwinkel heraus wollen wir überlegen, was – auch im Interesse einer leistungstüchtigen Arbeitswelt – das Person-Sein und Person-Bleiben in den Familien fördert, um für die Menschen unserer Zeit die Chance zu erhöhen, im täglichen Stress Kraft aus einem glücklichen Familienleben zu schöpfen.

Autonomie in der Familie

Richten wir zu Beginn unsere Aufmerksamkeit auf die Autonomie in der Familie und fragen wir uns, wie autonom der Mensch, eingebunden in einen Familienverband, überhaupt sein kann? Oder noch allgemeiner: Woher fließt ihm die Möglichkeit zur Autonomie überhaupt zu? Aus der Erörterung des Leib-Seele-Geist-Problems wissen wir bereits, dass der Mensch über unterschiedliche Dimensionen des Seins verfügt. Viktor E. Frankl sprach von einer somatischen (körperlichen) und psychischen (seelischen) Dimension, aber man könnte ebenso gut eine soziale, eine politische, eine ökologische und eine familiäre Dimension dazuzählen. Darüber hinaus existiert der Mensch in einer weiteren Dimension, die die Dimension dessen ist, der da über etwas verfügt, die „Verfügungsdimension" sozusagen, die Frankl die „geistige Dimension" genannt hat.

Während die erstgenannten Dimensionen Bedingtheiten und Abhängigkeiten zum Ausdruck bringen, wie unser Angewiesensein auf körperliche und seelische Prozesse und unser Eingegliedertsein in soziale, politische, ökologische und familiäre Systeme, ist die letztgenannte Dimension die Dimension der Freiheit des Menschen, und zwar insofern, als jeder von uns imstande ist, zu seinen Bedingtheiten und Abhängigkeiten frei Stellung zu nehmen und sie zu bewerten, ja, seiner Bewertung gemäß mit ihnen umzugehen. Im Klartext heißt das, dass wir wertend und handelnd Stellung nehmen zu körperlichen und seelischen Prozessen in uns und zu sozialen, politischen, ökologischen oder familiären Systemen außerhalb von uns.

Ein dimensionaler Aspekt scheint somit stets doppelt in unserem Leben auf. Einmal als Teil der Wirklichkeit, der wir angehören, z. B. als eine momentane Krankheit, an der wir leiden, oder als die momentane Umwelt, die uns umgibt, oder als die momentane Wirtschaftslage, in der sich unser Land befindet ..., und ein andermal als Akt geistiger Auseinandersetzung mit dieser Wirklichkeit, z. B. als Interpretation der Krankheit (was sich auf unseren Lebensstil auswirken kann), oder als Stellenwert, den eine gesunde Umwelt für uns hat (was sich in unserer Bereitschaft, etwas für sie zu tun, niederschlägt), oder als Beurteilung der Wirtschaftslage (was sich in optimistischen oder pessimistischen Unternehmungen ausdrückt).

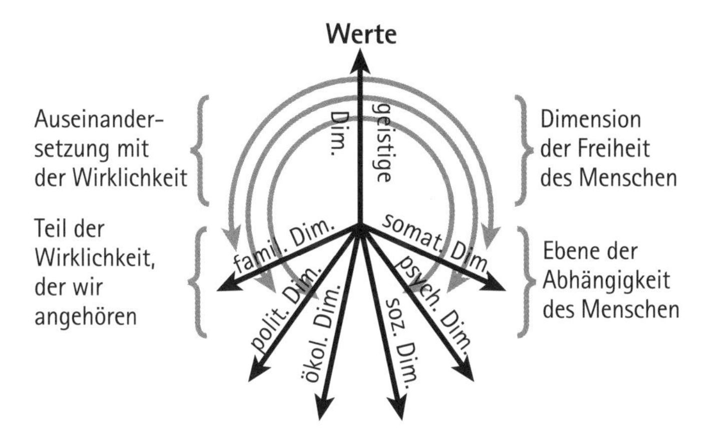

Wollten wir den Unterschied zwischen Mensch und Tier charakterisieren, könnten wir sagen: dem Tier eignen dieselben Dimensionen außer der geistigen Dimension, die die spezifisch menschliche Dimension ist. Denn auch in den Tieren laufen körperliche und seelische Prozesse ab, und auch die Tiere sind eingebettet in einfache soziale, politische, ökologische und familiäre Systeme. Nur verfügen die Tiere nicht über die Möglichkeit, wertend Stellung zu alledem zu nehmen und dementsprechend verändernd einzugreifen. Sie sind Teil einer Wirklichkeit, mit der sie sich nicht in Freiheit geistig auseinandersetzen können, sondern deren Gesetzmäßigkeiten sie in Abhängigkeit unterliegen. In diesem Zusammenhang sei mir die Bemerkung gestattet, dass die Spekulationen über „außerirdische Intelligenzen" im Weltraum im Grunde nicht bloß intelligente, sondern *geistige* Wesen meinen, also Wesen, ausgestattet mit einer geistigen Dimension der vorhin beschriebenen Art. Solche Wesen könnten ohne weiteres 18 Beine und 5 Augen haben, das würde keine Rolle spielen, entscheidend wäre die Dimension der Freiheit, der freien und wertenden Stellungnahme zu demjenigen, was sie in ihrer Welt vorfinden, eine Dimension, die sie uns Menschen ebenbürtig sein ließe.

Doch bleiben wir auf unserer Erde und beim Thema „Familie". Die Franklsche Lehre von der Mehrdimensionalität des Menschen kann auf die Frage nach der Autonomie des Menschen eine klare Antwort geben. Autonom ist der Mensch in Bezug auf seine eigenen Handlungen und Haltungen. Autonom ist er darin, wofür er sich entscheidet, sowie in der Wahl des Maßstabes, nach dem er sich entscheidet.

Sehen wir uns dazu ein praktisches Beispiel an. Eine Frau sagt: „Mein Mann hat mich immer unterdrückt, und natürlich war ich dann auch keine sehr freundliche Mutter für meinen Sohn ..." Stimmt dieser Satz? Nein. „Natürlich" ist das Verhalten dieser Frau keineswegs. „Natürlich" wäre es allenfalls für ein Tier, das, wenn es getreten wird, bissig reagiert. Da der

Mensch aber nicht natural reagiert, sondern *personal agiert*, hat die Frau zur Unterdrückungstendenz ihres Mannes geistig Stellung genommen. Welche Stellung? Sie hat sich offenbar unterdrücken lassen. Wie hat sie seine Unterdrückungstendenz folglich bewertet? Nicht als Anlass zum Widerstand, sondern als Freibrief, ihrerseits einen anderen Menschen, nämlich ihren Sohn, zu unterdrücken, bzw. ihren Ärger an diesem auszulassen. Hätte es die Möglichkeit zu einer unterschiedlichen Stellungnahme und Bewertung gegeben? Selbstverständlich. Sie hätte auch versuchen können, die Sache zwischen sich und ihrem Mann zu bereinigen, und den Sohn aus den ehelichen Differenzen herauszuhalten.

Damit soll verdeutlicht werden, dass die Autonomie jedes einzelnen (reifen) Familienmitgliedes in der Familie unangetastet und unabhängig von den Aktionen der übrigen Familienmitglieder bestehen bleibt. Zwar kann sich niemand in der Familie aussuchen, wie sich ein Anderer ihm gegenüber verhält, aber jedes Familienmitglied nimmt kraft seiner geistigen Dimension Stellung dazu, bewertet das Verhalten des Anderen und entscheidet dann, auf welche Weise es jenem Anderen und dessen Verhalten begegnet. Niemand ist Opfer (außer den Kindern, deren geistige Dimension noch nicht hinreichend entfaltet ist), sondern jeder ist Mitgestalter seiner familiären Situation.

Im Kontrast zu dieser Auffassung wird oft der Einwand vorgebracht, dass doch ein hoher Prozentsatz aller zwischenmenschlichen Kommunikation unbewusst und automatisch dahinplätschere, ohne dass dabei bewusst entschieden würde. Daran ist etwas Wahres und etwas Falsches. Es ist richtig, dass es eingefahrene Automatismen in Handlung und Haltung gibt, die zwar die Entscheidungsprozesse vereinfachen, aber auch die Autonomie des Menschen gefährden; sogar mehr gefährden können, als es die Mitwelt je vermöchte. Dennoch sind solche Automatismen weder angeboren, noch einprogrammiert, sondern vielmehr das Ergebnis von „Eigenbau-Hypothesen", die von Zeit zu Zeit neu überdacht und korrigiert werden sollten.

Alles was wir unternehmen, richten wir nach Hypothesen aus, die uns vielversprechend scheinen, ein jeweiliges Unternehmen zum Ziel zu führen. Auch unser eigenes Leben richten wir nach einer Fülle von Hypothesen aus, an denen wir lange festhalten. Doch manche darunter stimmen einfach nicht. Beispielsweise huldigen viele Leute der Hypothese, dass sie, wenn sie eine Zigarette rauchen oder einen Schluck Whisky trinken, ein Problem besser bewältigen könnten. Fernsehfilme unterstützen diese Hypothese, indem ihre Helden, wenn sie eine schlechte Nachricht erfahren, als erstes die Zimmerbar aufsuchen oder ein Zigarettenetui hervorholen. Dabei ist an dieser Hypothese nichts daran. Tabak und Alkohol haben noch nie eine schlechte Nachricht in eine gute verwandelt oder auch nur dabei geholfen, die schlechte Nachricht besser zu verarbeiten. Sie beeinträchtigen lediglich die Konzentration und die Gesundheit des Menschen und rauben ihm ein Stück Autonomie, sobald er ohne das Suchtmittel nicht mehr auskommt.

Ähnlich ergeht es der Frau, die sagt: „Mein Mann hat mich immer unterdrückt, und natürlich war ich dann auch keine sehr freundliche Mutter für meinen Sohn ..." Das nicht zu rechtfertigende „natürlich" im Satz erzählt uns von einer dahinter verborgenen Hypothese, die ungefähr so lautet: „Wenn man frustriert wird, kann man nicht nett sein". Auch eine Hypothese, an der nichts daran ist. Denn ob man nett ist oder nicht, bestimmt man ausschließlich selber; und das Potential, auch im frustrierten Zustand noch freundlich sein zu können, zumindest einem ganz und gar Unbeteiligten gegenüber, besitzt man allemal.

Fassen wir zusammen. Die Autonomie des Menschen gründet in seiner geistigen Dimension und wird durch systemische Zugehörigkeiten des Menschen nicht aufgehoben, nicht einmal im engsten Familienverband. Jeder ist frei, seine Handlungen und Haltungen zu wählen. Was die Autonomie gefährdet, das sind nicht unsere Mitmenschen, auch wenn wir es ihnen gerne in die Schuhe schieben, sondern das sind Automatismen von Denk- und Verhaltensmustern, die auf Hypothesen von uns selbst zurückgehen, welche vielleicht von unseren Mitmenschen oder den Medien unterstützt werden, welche wir jedoch nicht genügend überprüft haben. Hypothesen wie: „Wenn man frustriert wird, kann man nicht nett sein" und ähnliche Varianten wie: „Die Anderen sind schuld daran, wie ich geworden bin" oder „Wenn du dich nicht änderst, brauch' ich mich auch nicht zu ändern", sind ausgesprochen familienfeindlich, daneben aber auch persönlichkeitshemmend, weil sie die Autonomie der Person und damit ihre Würde untergraben.

Wünsche in der Familie

Dass einer den Anderen zu keiner wie immer gearteten Reaktion zwingen kann (außer mit Gewalt, wovon wir hier absehen wollen), haben wir gehört. Wie steht es nun mit den Wünschen, die Einer an den Anderen heranträgt, und speziell mit den Wünschen in der Familie? Hier wechseln wir von der

Frage nach der Freiheit des Menschen zur Frage nach dem Maßstab, an dem er sich in Freiheit orientiert. Was geschieht, wenn am Sonntag die größeren Kinder um einen Ausflug betteln, die Mutter darauf drängt, dass endlich der Keller aufgeräumt wird, und der Vater Vorbereitungsarbeiten für die nächste Woche auf seinem Schreibtisch liegen hat? Wird ein Wortgefecht stattfinden mit Siegern und Verlierern, oder werden sich die Familienmitglieder in der Kunst der Kompromissfindung einüben? Werden Tränen fließen und Türen knallen, oder wird jeder seiner Wege gehen? Was werden die Einzelnen dank ihrer Autonomie entscheiden zu tun?

Um den Problemkreis „Wünsche in der Familie" einigermaßen sinnvoll abzuhandeln, ist es notwendig zu wissen, dass es beim „Wettbewerb der Wünsche" einen unbestechlichen „Konkurrenten" gibt, und das ist das *Erfordernis der Situation*. Demnach ist jedes Familienmitglied mit dreierlei konfrontiert: 1. mit den eigenen Wünschen, 2. mit den Wünschen der übrigen, und 3. mit dem Erfordernis der Situation. Ein Beispiel: Ein Ehepaar kommt von Urlaub nach Hause. Der Mann hat den Wunsch, sogleich die Urlaubsfotos zu entwickeln, was sein Hobby ist. Die Frau hat den Wunsch, ihre Freundin zu besuchen und über ihre Erlebnisse zu berichten. Nehmen wir an, beide hegen noch den zusätzlichen Wunsch, dass der Partner dabei ist, wenn sie ihr Vorhaben ausführen. Der Mann hätte gern die Frau bei sich in der Dunkelkammer, und die Frau hätte gerne, dass der Mann sie zur Freundin begleitet. Jeder meint, das Vorhaben des anderen könne vorläufig warten. Da entdecken beide nach ihrer Ankunft zu Hause, dass die Johannisbeeren im Garten überreif sind und sofort verwendet werden müssen, wenn sie nicht weggeworfen werden sollen.

Das Beispiel demonstriert die dreifache Konfrontation, in der das Ehepaar steht. Greifen wir den Mann heraus. Er empfindet 1. den Wunsch, die Fotos zu entwickeln, ferner ist ihm 2. der Wunsch der Frau bekannt, die Freundin besuchen zu wollen, und überdies fordert 3. die Situation der überreifen Beeren im Garten dazu auf, schleunigst mit dem Pflücken und Einkochen zu beginnen. Für die Frau gilt das Gleiche analog. Allerdings kann das Erfordernis der Situation zu ein- und demselben Zeitpunkt für verschiedene Familienmitglieder ein unterschiedliches sein. Im Falle etwa, dass sich die Frau wegen eines Rückenleidens schlecht bücken könnte, würde das Pflücken der Beeren als alleiniges Erfordernis der Situation dem Manne zukommen. Das heißt, die Situation würde erfordern, die Beeren zu pflücken, aber die Frau zu schonen. Oder im Falle, dass der Mann Arzt wäre und Notdienst hätte, würde beim Anruf eines Patienten seine Situation erfordern, zu dem Patienten zu eilen, während die Situation der Frau nach wie vor das Einkochen der Beeren erfordern könnte.

Freilich muss zugegeben werden, dass das Erfordernis der Situation nicht immer eine eindeutige Sprache spricht. Auch gibt es glücklicherweise freie Stunden, in denen nichts darauf wartet, erledigt zu werden. Nur besteht das Erfordernis der Situation dann eben darin, sich so gut wie möglich zu erholen, oder über Spiel und Spaß Beziehungen zu intensivieren (z. B. mit den Kindern), oder alte Vorlieben und Tätigkeiten wieder aufzufrischen, für die ansonsten die Zeit nicht reicht. Wir merken, das Erfordernis der Situation ist nicht identisch mit einem ständigen Pflichtenprogramm, es ist aber auch nicht identisch mit der Menge der Wünsche, die uns durch den Kopf gehen, sondern am ehesten noch zu identifizieren mit dem Logos-Begriff wie Viktor E. Frankl ihn gebraucht hat, um den Sinn einer augenblicklichen Situation zu umschreiben.

Zum Problemkreis „Wünsche in der Familie" zurückkehrend lässt sich auf Grund von zahlreichen Erfahrungen, die man mit zerrütteten Familien gesammelt hat, feststellen, dass die Absprachen und gemeinsamen Entscheidungen umso leichter zu treffen sind, als sich die Familienmitglieder *vorrangig* am jeweiligen Erfordernis der Situation orientieren, und *nachrangig* an den Wünschen.

Sollte das vom Urlaub zurückgekehrte Ehepaar aus unserem Beispiel beschließen, sich gemeinsam den Johannisbeeren zu widmen, um die Angelegenheit schnell zu einem guten Ende zu bringen, und danach Fotos und Besuch in Angriff zu nehmen, und zwar getrennt, was bedeutet, dass jeder dem Anderen dessen Wunscherfüllung gönnt, ohne ihn in Hinblick auf die eigene unter Druck zu setzen, wäre das die ideale Lösung. Sollte hingegen einer auf seiner Wunschbefriedigung bestehen, und der Andere sich dem Erfordernis der Situation beugen, also etwa der Mann in der Dunkelkammer verschwinden, und die Frau sich ans Beerenpflücken machen, könnte bei beiden ein ungutes Gefühl hochsteigen, ein schlechtes Gewissen, ein leiser Groll, eine Disharmonie. Sollte sich, um den Gedanken weiterzudenken, keiner nach dem Erfordernis der Situation richten, wird das Problem an Schärfe zunehmen. Dann steht nämlich bloß noch Wunsch gegen Wunsch, und jeder wird darum kämpfen, seinen Wunsch durchzusetzen oder wenigstens den Wunschinhalt des Anderen herabzusetzen. Dann heißt es alsbald: „Wegen Deiner blöden Fotos sind uns die Beeren verdorben!" und „Wie käme ich dazu, einzukochen, wenn

Du Dich bei Deinen Freundinnen herumtreibst!", kurzum, nicht nur das Obst verdirbt, auch die Freundschaft verdirbt.

Lernen wir daraus, was Wünsche in der Familie betrifft, folgendes:

1) Es geht nicht darum, was der Partner oder die Kinder von einem erwarten (erwünschen), sondern was das Leben von einem erwartet.

2) Es geht auch nicht darum, eigene Wünsche gegenüber dem Partner oder den Kindern durchzusetzen, sondern unbeirrt zu tun, was Sinn hat.

3) Eigene und fremde Wünsche dürfen nicht ignoriert werden, aber sie sind dann an der Reihe, wenn das Erfordernis der Situation es erlaubt.

4) Eine Verständigung über das jeweilige Erfordernis der Situation ist relativ leicht und bringt Gemeinsamkeiten zu Bewusstsein.

5) Eine Verständigung über den Vorzug von Wunschbefriedigungen in der Familie ist relativ schwierig und bringt Differenzen zu Bewusstsein.

6) Wunschbefriedigungen sollen nicht erstritten, sondern einander gegönnt werden, sofern sie nicht widersinnig sind.

Im Zuge einer Eheberatung sagte einmal ein Klient zu mir: „Ich kann tun und lassen, was ich will, ich bekomme immer einen Vorwurf seitens meiner Frau." „Ja", antwortete ich ihm, „es sieht so aus, als ob Ihre Frau mit nichts zufrieden wäre, aber der Fehler liegt darin, dass Sie alles Mögliche unternehmen, um Ihre Frau zufriedenzustellen. Sie sollen nicht tun und lassen, ‚was Sie wollen', oder was Sie glauben, dass Ihre Frau will, sondern, *was Sinn hat.* Achten Sie mehr darauf, was die Situation von Ihnen verlangt, und Sie werden unbeabsichtigt auch mehr Achtung seitens Ihrer Frau erfahren." Der Klient hielt sich an meinen Rat und rettete dadurch nicht nur seine Ehe, sondern gewann zunehmend an Festigkeit und Sicherheit in seiner Persönlichkeit.

Aufgaben in der Familie

Schauen wir noch einmal auf den Weg zurück, den wir bisher gegangen sind. Unser Ausgangspunkt war die spezifisch menschliche Dimension, die es dem Menschen ermöglicht, sich geistig mit allem und jedem auseinanderzusetzen, auch mit jedem Vorkommnis in der Familie, und selbständig zu entscheiden, mit welcher Haltung es getragen und mit welcher Handlung es erwidert wird. Wir plädierten dafür, dass diese Entscheidungen wirklich autonom und nicht etwa automatisch getroffen werden.

Ein weiterer Abschnitt des Weges führte uns zur dreifachen Konfrontation des Menschen mit seinen eigenen Wünschen, mit den Wünschen Anderer und mit dem jeweiligen Erfordernis der Situation. Wir plädierten dafür, dem Erfordernis der Situation eine Vorrangstellung einzuräumen gegenüber den beiden Kategorien von Wünschen, die dann nachrangig auf der Basis gegenseitigen Einverständnisses und Zugeständnisses zu ihrer Erfüllung gelangen mögen.

Der nächste Abschnitt des Weges führt uns jetzt zum Fragenkomplex um die Aufgaben in der Familie und ihre Verteilung. Wir nähern uns dem großen Antipoden der Freiheit, nämlich der Verantwortung des Menschen. Denn wer eine Aufgabe übernimmt, übernimmt gleichzeitig die Verantwortung für das ihm „Aufgegebene". Nun zählt die Hingabe an eine Aufgabe zu den wesentlich lebenserhaltenden und kräftefördernden Faktoren im menschlichen Dasein. Kaum etwas anderes ist imstande, vergleichbare Energien zu wecken, als eine Aufgabe, die man bejaht. Ist doch bekannt, dass sogar ein vom Tod gezeichneter Mensch mitunter noch eine verlängerte Frist für sich herausschlagen kann, wenn er mit der Vollendung einer selbstgesetzten Aufgabe ringt – die Kräfte werden ihn erst verlassen, wenn er sich seinem Ziel maximal angenähert hat. Jüngste Messungen aus der Raumfahrt haben bestätigend ergeben, dass bei den Astronauten die Abwehrkräfte ihres Immunsystems stets *nach* der Landung absinken, und nicht vorher, während des körperlichen und psychischen Stresses im Weltraum; nein, erst wenn das Werk vollbracht ist. Solange man im Banne einer Aufgabe steht, die man gutheißen kann, solange fließen einem Energien aus geheimen Reserven zu, von deren Existenz man sich normalerweise keine Vorstellung macht.

Dazu passen zwei interessante amerikanische Untersuchungen aus dem Jahr 1988. Der Psychologe Jaak Panksepp von der Bowling Green State University konnte im Labor nachweisen, dass die Übernahme von insbesondere sozialen Aufgaben Endorphine (körpereigene „Schmerzkiller und Stimmungsmacher") freisetzt, die bei den Betreffenden ein Gefühl der Ausgeglichenheit, Zufriedenheit und Hochstimmung erzeugen. Der Harvard-Kardiologe Herbert Benson fand ergänzend dazu heraus, dass Personen, die sich mitmenschlichen Aufgaben widmen, sich selbst und ihre eigenen

Sorgen dabei vermehrt vergessen, wodurch sie herabgesetzte Stoffwechselraten, verminderten Blutdruck, ruhigen Herzschlag und andere positive gesundheitliche Veränderungen erleben. Wortwörtlich schrieb er: „Altruismus hat denselben Effekt wie Yoga, Spiritualität und Meditation".* Das waren damals ganz neue Gesichtspunkte in einer Gesellschaft, die lange Zeit Wohlstand und Hedonismus auf ihre Fahnen geschrieben hatte und sich damit nicht nur ein Übermaß an Herzinfarkten, sondern auch eine Flutwelle an seelischer Verdrossenheit eingehandelt hatte.

Was aber berichten uns die beiden erwähnten Untersuchungsergebnisse zum Thema „Aufgaben in der Familie"? Zweifellos bietet die Familie die urtümlichste und evidenteste Gelegenheit zur Wahrnehmung von sozialen und mitmenschlichen Aufgaben, also ein „Übungsfeld der heilsamen Selbstvergessenheit", könnte man sagen. Alles, was der Familie gilt, gilt ja einem „mehr als sich selbst", nämlich mehreren Personen, was die Persönlichkeitsentwicklung des Einzelnen unweigerlich in eine altruistische Bahn lenkt. Natürlich kommt es auch vor, dass krasse Egoisten eine Familie gründen, doch entweder lernen sie ein wenig dazu, oder die Familie leidet darunter und lockert ihren Zusammenhalt. Wie dem auch sei, die Familie ist seit Jahrtausenden der Ort, an dem sich Liebe in die Tat umsetzt, an dem gelebt wird, indem *für Jemanden* gelebt wird, *für einander* gelebt wird, an dem das „mehr als sich selbst" täglich praktiziert wird. Dies wiederum baut den Menschen auf und erhält ihn bei Kräften, wie experimentell erwiesen ist.

* Psychologie heute, Beltz, Weinheim, März 1989, S. 23.

Wir können sogar einen Abstecher in die Evolutionsgeschichte machen und die Geburtsstunde der Menschheit als die Ära definieren, in der die vormenschlichen Wesen zu Liebesbeziehungen heranzureifen begannen, wobei unter dem Begriff „Liebesbeziehung" die Wertschätzung eines Anderen um seiner selbst willen verstanden werden soll, die weder mit Sexualität und ihrem Ziel der Fortpflanzung, noch mit Sozietät und irgendwelchen Rudelinstinkten primär zu tun hat. Aus diesem Grunde sind Grabfunde – prähistorisch betrachtet – erste Anzeichen von menschlicher Kultur; ist doch das Begraben eines Toten üblicherweise ein Akt der Würdigung dessen, dem man in einer Liebesbeziehung nahegestanden ist. Tiere lieben nicht in vergleichbarem Sinne, und Tiere begraben nicht.

Es zählt also zum spezifisch Menschlichen, sich auf ein „mehr als sich selbst" auszurichten, und von daher steht auch jede geleistete Arbeit in einem reichen Bezugsrahmen, wenn sie einem „mehr als sich selbst" gilt. Womit nicht behauptet werden soll, dass allein lebende Menschen etwa geringer qualifizierte Arbeit leisten würden als aktive Familienmitglieder. Im Gegenteil, oft knien sie sich erst recht in ihre Arbeit hinein und gehen ganz darin auf. Dennoch hat die von ihnen geleistete Arbeit manchmal den Beigeschmack von Einseitigkeit bis hin zur Flucht in die Betriebsamkeit – Flucht vor der Einsamkeit.

Für Familienangehörige hat Arbeit einen ausbalancierten Doppelwert: Sie dient dem Arbeitsprodukt, das erzeugt wird, und sie dient dem Wohlergehen der Familie, die von den Früchten der Arbeit profitiert. Oder anders formuliert: Die Bedeutung der Familie für eine leistungstüchtige Arbeitswelt liegt darin, dass sie ein zusätzliches fundamentales Motiv liefert, sich in der Arbeit zu engagieren und die tägliche Plagerei auf sich zu nehmen. Man tut es für die Sache, und man tut es für sich und die Seinen. Man tut es für die Zukunft des Betriebes, in dem man arbeitet, und man tut es für die Zukunft seiner Töchter und Söhne, Neffen und Nichten. Arbeit ist nicht mehr bloß Selbsterhaltung, und auch nicht nur individueller Wirkungsbereich, sondern weitet sich aus zur Erfüllung einer sehr wichtigen Aufgabe in der Familie, indem sie deren wirtschaftliche Sicherung darstellt.

Es ist zu bedauern, dass wir gewohnt sind, zwischen Familie und Arbeit ein Kollisionsfeld zu sehen, als handle es sich um zwei Rivalen, die uns beide vereinnahmen möchten und in Konflikte stürzen. Dies ist eine kritische Sicht, die sich erst mit der Auslagerung der Arbeit aus den bäuerlichen und handwerklichen Familiengemeinschaften etabliert hat. Früher war klar, dass Arbeit immer auch Arbeit für die Familie ist und von der Liebe zur Familie fundiert wird. Durch die scharfe Trennung des Arbeitsplatzes vom häuslichen Herd änderten sich die Vorzeichen: Arbeit wurde zum Minus für das Familienleben, zum Von-daheim-abwesend-Sein, während die seit ca. 100 Jahren stetig zugenommene Freizeit zum Plus für das Familienleben avancierte, zum Daheim-anwesend-Sein. Dies trieb einen Keil zwischen Arbeit und Familie, der viel Kummer verursacht hat und wieder entfernt werden sollte.

Behalten wir deshalb in Erinnerung, dass wir unsere Aufgaben in der Familie erfüllen können, ob wir anwesend oder abwesend sind; ob wir mit den Kindern im Sandkasten spielen oder am Arbeitsplatz eine Entscheidung von großer Tragweite treffen, ob wir die Fenster zu Hause putzen oder die Kunden im Geschäft bedienen. Was jeweils das gerade Sinnvolle ist, wird uns das Erfordernis der Situation schon einflüstern, aber was es auch ist, solange wir uns einer Familie zugehörig fühlen, wird es mit in ihrem Dienste stehen und unser Ja zu ihr repräsentieren. Auf dieser Basis mildert sich der Konflikt vieler Frauen zwischen Hausfrauendasein und Berufstätigkeit. Wenn sich alles unter dem Horizont gegenseitiger Liebesbeziehungen abspielt, gerinnt alles über die mehr oder minder großen Eigenvorteile hinaus zum altruistischen Werk, von dem der Harvard-Kardiologe Herbert Benson herausfand, dass es denselben Effekt habe wie Yoga, Spiritualität und Meditation, nämlich körperlich und seelisch stabilisiere. Oder lassen wir noch einen anderen Fachmann zu Wort kommen, Albert Schweitzer, der speziell mit Blick auf wohlsituierte Personen in guten beruflichen Positionen gemahnt hat:*

Was du an Gesundheit, an Gaben, an Leistungsfähigkeit, an Erfolg, an schöner Kindheit, an harmonischen häuslichen Verhältnissen mehr empfangen hast als aAndere, darfst du nicht als selbstverständlich hinnehmen. Du musst einen Preis dafür entrichten. Außergewöhnliche Hingabe von Leben an Leben musst du leisten ...

Nun, das Einbringen der Arbeit zum Wohle der Familie ist auch ein kleines Stück „Hingabe von Leben an Leben“.

---

* Albert Schweitzer, Ausgewählte Kostbarkeiten, SKV Edition, Lahr/ Schwarzwald, 1985.

Sinn der Familie

Halten wir ein letztes Mal inne, um den Weg unseres Gedankenganges zu rekapitulieren. Wir erfuhren, dass es zum Person-Sein und Person-Bleiben in der Familie notwendig ist, sich die Autonomie des Handelns zu bewahren und sich vor Klischee-Hypothesen zu hüten. Wir verstanden des Weiteren, dass uns nicht von unseren Mitmenschen, sondern von den einzelnen Lebenssituationen, in denen wir uns befinden, etwas abverlangt ist, wenn wir die optimalen Potenzen dieser Situationen nützen wollen. Und schließlich fanden wir Zugang zu der Idee, dass unser Tun und Wirken einem „mehr als uns selbst" gewidmet sein muss, um wahrhaft „human" zu sein, wobei sich die Familie als intimstes mitmenschliches Bezugssystem und vorzügliches Übungsfeld heilsamer Selbstvergessenheit an erster Stelle dafür anbietet. Die letzten beiden Gedankenschritte können in folgendem Kernsatz zusammengefasst werden: „Du musst nicht immer tun, was deine Angehörigen von dir wollen; aber was du tust, solltest du auch deinen Angehörigen zuliebe wollen".

Fragen wir uns jetzt, wo unser Weg, wenn wir ihn weitergehen, hinführen mag, fragen wir nach dem Sinn der Familie. Um diesen Sinn am konkreten Beispiel aufleuchten zu lassen, möchte ich kurz aus den Erfahrungen der Sozialdienste in deutschen Krankenhäusern berichten. Was sich dort ansammelt und ballt, ist die verzweifelte Not einer Gesellschaft in der zwei Drittel aller Familien angeknackst sind. Plötzlich, mitten aus dem Leben gerissen, steht eine schwere Operation an. Der Patient ist bettlägerig, nicht mehr arbeitsfähig, pflegebedürftig. Keiner will ihn, keiner kann ihn brauchen, keiner ist da, um nach ihm zu sehen. Wohin mit den Kranken, wohin mit den Alten, wohin mit den vielen Siechen, deren Leben dank einer hochtechnisierten Medizin verlängert worden ist, die aber von den Gesunden hin- und hergeschoben werden?

„Behalten Sie doch unsere Mutter noch im Krankenhaus", wird gefleht, „zu Hause kann sie niemand versorgen." Die Jagd nach einem Platz im Altenheim, nach einem Bett im Pflegeheim, nach einer Aufnahme ins Hospiz beginnt – der Weg zum Friedhof ist arg lang geworden.

Wer den Verdacht haben sollte, dass dies ein Problem der Unterschicht oder allenfalls der unteren Mittelschicht sei, irrt sich. Geld ist vorhanden, nur Zeit und Zuwendung ist nicht vorhanden. Man hat eine mit Antiquitäten möblierte Villa, aber keinen, der dem Vater nach der Operation das Essen einlöffelt und ihm die Urinflasche bringt. Was die Mutter, der Vater, die Tante oder der Onkel einst geleistet haben, die Schwierigkeiten, die sie gemeistert haben, dies alles ist wie hinweggefegt, sobald ihre Kraft nachlässt. Andere raffen an sich, was davon übrig ist, und zurück bleibt der Mensch in seiner nackten Existenz; allein, verlassen, zum Abtreten überfällig. Noch sind solche Vorkommnisse Ausnahmen von der Regel, aber sie mehren sich. Hier ein Ausschnitt aus einem (mir vorliegenden) Bericht von Michaela Braun, Sozialdienst der Stadt München im Krankenhaus:

... und wieder geht das Telefon. Die aufgeregte Ehefrau eines alten Patienten ist daran. Sie vergisst, sich namentlich zu melden, und fängt gleich an, die Gründe aufzuzählen, weshalb sie ihren Mann nicht nach Hause nehmen kann, und erklärt, dass ein Heim auch nicht in Frage kommt, das wäre viel zu teuer, und überhaupt

wisse sie nicht, wie es weitergehen soll. Was „Soziales" habe sie noch nie gebraucht, und ihre Sachen immer bezahlt, aber jetzt ... stirbt der nicht sowieso bald?

Irgendwann muss sie Luft schöpfen, und ich habe mir inzwischen auch zusammengereimt, dass es die Ehefrau vom alten Herrn X ist, der seit ein paar Tagen mit Zustand nach Schlaganfall in der Inneren Abteilung liegt. Schon vorher konnte er nicht mehr gut gehen, und auch mit den kognitiven Fähigkeiten war es nicht mehr gut bestellt.

Ganz ruhig frage ich in die Atempause hinein, ob die Anruferin Frau X wäre? – „Natürlich, wer denn sonst?" tönt es leicht empört. Mit freundlicher Gelassenheit in der Stimme versuche ich ihr deutlich zu machen, dass ich ihre Betroffenheit, ihre Sorge verstehen kann; auch, dass ich ihr bei den Problemen, die jetzt auf sie zukommen, helfen will, und dass sie deshalb zu einem Gespräch zu mir kommen möge. Vielleicht wären ja auch Kinder da, die ihr beistehen könnten. Ein wenig ruhiger geworden greift sie den Vorschlag auf. Allerdings, die Kinder sind berufstätig ...

Ich habe diese wenigen Sätze zitiert, weil ich denke, dass solche Berichte den Sinn der Familie besser veranschaulichen als plausible Argumente. Familie ist, von ihrem Ur-Sinn her, Geborgenheit. Bedingungslose Geborgenheit, solange sie intakt ist. Familie ist Schutz für Leben und Schutz für menschenwürdiges Sterben. Familie ist Nachsicht gegenüber der Jugend, und Rücksicht gegenüber dem Alter. Familie ist das Wissen, einen unverlierbaren Platz auf dieser Welt zu haben, an dem man immer willkommen ist, sei man Bettler oder

Millionär. Mit Geld und Macht ist zwar vieles erkaufbar und erzwingbar, aber familiäre Geborgenheit gehört nicht dazu.

Hier endet also unser Weg, der in der Freiheit beginnt, der sich an den Erfordernissen der jeweiligen Situationen orientiert, der geleitet wird von einem altruistischen Stern, in dessen Glanz sich Hingabe von Leben an Leben spiegelt; er endet in der Geborgenheit. Es ist der Weg von Personen, die gleich wohl den Sinn der Familie zutiefst erkannt haben und deshalb ohne Angst und Bangen und ohne innere Verkrampfung und Zerfleischung ihren beruflichen Tätigkeiten nachgehen können in der beruhigenden Sicherheit, dass sie irgendwo „daheim" sind, wo nicht ihre Erfolge zählen, ihre geschäftlichen Triumphe und ihre Bankkonten, sondern sie selber.

Freilich, eine absolute Sicherheit gibt es auf Erden nicht. Doch wenn wir nach einem Zukunftsfaktor fragen, der der Persönlichkeit des Menschen entspringt und dessen Zukunft wesentlich mitbestimmen wird, dann ist es eben diese Fähigkeit und Bereitschaft des Menschen, Sinn über Gewinn zu stellen, notfalls auch den Sinn der Familie über den Gewinn aus der Arbeit. Wer diese Fähigkeit und Bereitschaft bei sich entwickelt, wird eine Zukunft mitgestalten, die es wert ist, erlebt zu werden, weil sie an menschlichen Gewinnen mehr ausschüttet, als sie an sonstigen Gewinnen jemals wegnehmen könnte.

Sinnvoll heilen – Viktor E. Frankls Logotherapie

Seelenheilkunde auf neuen Wegen

Selig, die nicht sehen und doch glauben.
(aus dem Evangelium)

Überleben – wozu? Antworten auf Schicksalsfragen

Vor mehr als vier Milliarden Jahren fiel auf unserem Planeten die Entscheidung für zwei verschiedene Lebensprinzipien, eine Entscheidung, die immer noch verbindlich ist. Damals entstanden unter den ersten Lebenskeimen sowohl Zellen, die den chemischen Stoff Porphyrin eingelagert hatten, als auch Zellen ohne Porphyrin. Ob dies Zufall war oder nicht, jedenfalls entschied der Besitz von Porphyrin über die Fähigkeit der Zelle, ihre lebensnotwendige Energie aus anorganischem Material unter Sonneneinstrahlung aufbauen zu können, oder darauf angewiesen zu sein, vorhandene organische Substanzen zu ihrer Nahrung zu machen. Die Zellen *mit* Porphyrin waren dabei die bevorzugten, sie brauchten zum Leben nur anorganisches Material und Sonnenlicht, das es auch damals schon in Hülle und Fülle gab. Aus ihnen gingen die Chloroplasten hervor, die bis auf den heutigen Tag die Aufgabe der Photosynthese in der lebendigen Pflanzenzelle wahrnehmen und die Pflanzen dadurch unabhängig machen von der Erbeutung und Tötung anderer Lebewesen. Es ist das „friedliche" Lebensprinzip: die Pflanzenwelt.

Im Unterschied dazu trugen die Zellen, denen der chemische Stoff Porphyrin fehlte, vom Augenblick ihrer Entstehung an den Zwang zur Vernichtung in sich. Unfähig, die Energie des Sonnenlichts für ihren Stoffwechsel zu verwerten, konnten sie nur überleben auf Kosten fremden Lebens, welches sie als Nahrung in sich aufnahmen, um Energie daraus zu beziehen. Die Tiere und Menschen, die aus diesem Zellmaterial hervorgegangen sind, unterliegen seither unausweichlich dem „aggressiven" Lebensprinzip: Sie müssen sich organisches Material einverleiben, um nicht zu verhungern, und dazu müssen sie organisches Material – also Lebewesen –jagen, züchten, töten.

Wollten wir mit den Mitteln reiner Vernunft über die beiden verschiedenen Lebensprinzipien urteilen, würden wir vermutlich zu dem Schluss gelangen, dass das „aggressive" Lebensprinzip nicht nur das biologisch ungünstigere, sondern auch das ethisch verwerflichere von beiden darstellt. Ist es doch einerseits abhängig von der Existenz einer geeigneten lebenden Umwelt, die es andererseits unaufhörlich bedrohen und zerstören muss. Und doch hat die Natur in ihrer Weisheit einen anderen Ratschluss gefällt. Sie hat das „aggressive" Lebensprinzip mehr gefördert als das „friedliche", hat es ausgestattet mit Sinnesorganen, mit den Vorstufen des Bewusstseins, und es schließlich vorbereitet für eine Personalunion mit dem *„Geist"*.

Zwar lastet immer noch der Zwang zur Vernichtung auf uns Menschen, denn selbst die strengsten Vegetarier kommen nicht darum herum, organisches Material zum Zwecke des eigenen Weiterlebens zu essen, aber mit der menschlichen Geistigkeit hat sich zugleich eine neue Perspektive eröffnet.

Geist kann Aggressionen steuern, mildern, in tragbare Bahnen lenken. Geist kann den Zwang zur Vernichtung verbinden mit dem Willen, zu bewahren und zu entwickeln. Geist kann das destruktive Erbe seiner Zellgrundlagen relativieren durch die schöpferische Konstruktivität seiner Schaffenskraft. Am Ende ist es doch nicht so verwunderlich, dass gerade das „aggressive" und nicht das „friedliche" Lebensprinzip die Chance zur geistigen Aggressivitätskontrolle in die Hand gedrückt bekommen hat ... vielleicht wird darin ein winziger Ausschnitt jenes geheimnisvollen Zieles deutlich, dem die Evolution zustrebt; scheint doch alles Negative irgendwie und irgendwo „im Letzten" aufhebbar zu sein.

Ich gebe zu, dass es ein ungewöhnlicher Aspekt ist, die Geistigkeit des Menschen als Kontraposition eines erbbiologischen Vernichtungsprinzips zu betrachten. Wir sind von jeher geneigt, Geistiges eher mit der idealisierten Vorstellung von Erkenntnis, Erleuchtung und Verklärung zu verbinden. Dennoch spricht vieles dafür, dass die geistige Ebene im Menschen keineswegs immer harmoniert mit den anderen Daseinsebenen im Menschen, sondern wiederholt im Widerstreit mit körperlichen oder seelischen Gegebenheiten steht, also eben eine Kontraposition einnimmt. Geist ist etwas, das „nein" in uns ruft, wenn wir „ja" möchten, und „ja" sagt, wenn wir „nein" wollen, etwas, das uns hemmt, wenn wir blindlings voranstürzen, und antreibt, wenn wir emotional zögern, etwas, das uns die Ruhe nimmt, wenn wir irren, und das uns stark macht, wenn wir schwach zu werden drohen.

Da steht also auf der einen Seite das „aggressive" Lebensprinzip in uns, dem wir zugehören, und das von seinen genetischen Wurzeln her zwangsläufig brutal und egoistisch konzipiert ist. Man hat lange Zeit geglaubt, dass die Tiere, zumindest ihren Artgenossen gegenüber, toleranter seien als der Mensch, und dass sie einander nie überflüssigerweise verletzen. Doch inzwischen ist man mit solchen Behauptungen zurückhaltend geworden. Nicht nur laufen die üblichen Kämpfe um Geschlechtspartner, Territorium und Futter in der Tierwelt teils mit gehöriger Grausamkeit ab, bei ca. 1300 Tierarten wurde zudem ein reger Kannibalismus festgestellt. Drei Viertel aller Kräheneier und geschlüpften Küken werden z. B. von den Schnäbeln erwachsener Krähen zerhackt, und es gibt lebend gebärende Salamander, deren Jungen noch im Mutterleib die eigenen Geschwister zerbeißen und verspeisen. Perfektes Sinnbild des uralten Vernichtungsprinzips sind Fische der Gattung Stizostedion, die ihre Artgenossen vom Schwanz her schlucken. Man hat Ketten von vier solchen Fischen beobachtet, die gleichzeitig fraßen und gefressen wurden. Wir Menschen brauchen uns darüber nicht lustig zu machen, denn auf unsere Weise haben wir noch längere Ketten ähnlichen Irrsinns in unserer Völkergemeinschaft geschaffen. Der Kampf um Beute und um Land, und die Rivalität mit den Artgenossen ist in jeder einzelnen unserer Körperzellen seit undenklichen Zeiten eingestanzt.

Auf der anderen Seite aber steht jenes seltsame Wunder der Natur (oder Übernatur?), das, am Alter der Erde gemessen, erst seit einigen Augenblicken auf ihr weilt: der menschliche Geist. Dieses Geistige hat seine eigene Gesetzlichkeit, die zu erforschen die Religionen und Philosophien und nicht zuletzt die Logotherapie versucht haben. Geistiges orientiert sich nicht an brutalen, egoistischen Motiven und benötigt weder anorganisches noch organisches Material, weder Sonne noch

Boden als Energiequelle, sondern einen „Stoff" ganz anderer Art: *Geist braucht Sinn.* Und da die Sinnfülle des Seins unermesslich ist, ist das Geistige grenzenlos; zwar in der Form, wie wir es kennen, an biologische Grundlagen gekettet, und dennoch seinem Wesen nach frei. Das mehr als vier Milliarden Jahre alte „aggressive" Lebensprinzip wurde überhöht durch ein zeitloses Sinnprinzip.

Wenn wir diese Erkenntnisse in den praktischen Alltag der Psychotherapie hineindenken, finden wir die Spuren von beidem auf Schritt und Tritt. Jeder seelischen Erkrankung haftet ein Hauch von naturbedingter Vernichtung an. Das Schwache, das Lebensunfähige soll im Konkurrenzkampf gnadenlos aussortiert werden. Beobachtet man das Verhalten emotional labiler und kranker Menschen, muss man zugeben, dass sie häufig ausgerechnet dasjenige tun, was ihnen schadet. Wie von einem unbegreiflichen Zwang getrieben machen sie sich selbst unglücklich. Es ist für den Berater, Arzt oder Therapeuten bitter, mitanzusehen, wieviel unnötiges Leid sich Patienten aufladen, die ein sorgenarmes Durchschnittsleben führen könnten, wenn sie nur ein wenig gefestigter und gelassener wären. Andererseits wird man in den genannten Berufen auch des Gegenteils ansichtig. Menschen, vom Schicksal hart angefasst, mit unverschuldeter Not geschlagen, wachsen geistig über ihr Schicksal hinaus und erbringen faszinierende Leistungen, die mit ihrer Schwäche in keinerlei Einklang stehen. Sie sehen einen Sinn in ihrem Leben, und um diesen Sinn zu erfüllen, trotzen sie sich Kräfte ab, die ihnen von ihren Lebensumständen her scheinbar gar nicht zustehen.

Man sagt der Logotherapie nach, dass sie die erste psychologische Richtung sei, die geistige Phänomene in ihr

Therapiekonzept einbeziehe, doch ist das noch eine gelinde Untertreibung. Die Logotherapie bezieht nicht nur geistige Phänomene mit ein, ihr kommt das Verdienst zu, die *Kontraposition* des menschlichen Geistes therapeutisch herausgearbeitet zu haben,* und damit die Chance, Vernichtungskräfte der Seele zu neutralisieren. Wie die Natur vom „aggressiven" Lebensprinzip zum geistigen Sinnprinzip vorgestoßen ist, so kann auch der einzelne psychisch Kranke, der sich mit seinen Ängsten und Kontaktproblemen, Minderwertigkeitsgefühlen oder Depressionen selber schadet, zum geistigen Triumph über seine Unzulänglichkeiten vorstoßen, indem er das Negative in sich selbst umschmiedet in etwas Positives. Das „sogenannte Böse" (Konrad Lorenz) *ist* in der Welt und in den Herzen von uns allen, aber seit der Mensch anfing, Mensch zu werden, ist auch das „sogenannte Gute" realisierbar geworden: Es konstituiert sich im Ringen um Sinn, das stets zugleich ein Ringen mit sich selbst bedeutet.

Ich habe längere Zeit hindurch eine Patientin betreut, die an einer schrecklichen und ganz unbegründeten Krebsangst litt. Mehrmals während des Tages untersuchte sie ihren Körper aufs Genaueste nach irgendwelchen Anzeichen von Krebs; und vor lauter Abtasten und Nachschauen „verdünnte" sich ihr Leben immer mehr. Die Krebsangst beherrschte sie total. Nun war die Patientin religiös, aber durch ihre Krankheit hatte sie zu beten verlernt, was ihr wiederum große Gewissenskonflikte bereitete bei dem Gedanken, der Herrgott werde sie für ihr Stummsein erst recht mit Krebs bestrafen.

* Allerdings hat bereits Max Scheler den Menschen als den „Neinsager" definiert (vgl. „Philosophische Weltanschauung", Bern, 1985, S. 124).

Nachdem sie mir dies erzählt hatte, machte ich ihr einen für sie unerwarteten Vorschlag. Ich empfahl ihr, jeden Tag nach dem Aufwachen ein kurzes Morgengebet zu sprechen, das da lautete: „Lieber Gott, ich danke dir, dass ich gesund bin und aufstehen kann!“ Von subjektiver Krebsangst geschüttelt sollte sie dafür danken, dass sie objektiv vom Krebs verschont war. Was berichtete die Patientin einige Wochen später? Sie konnte seither den Tag mit viel mehr Schwung und Zuversicht beginnen als zuvor. *Das* ist die Kontraposition des menschlichen Geistes: Das irrationale Gefühl, krank zu sein, konnte beantwortet werden mit dem dankbaren Wissen, gesund zu sein. Die Angst als Schicksal konnte gemildert werden im Vertrauen zu einem höheren Sinn. Selbstverständlich war das nur ein winziges Element im Genesungsprozess der Frau, das jedoch veranschaulichen mag, welche Wege die Logotherapie einzuschlagen wagt.

Ein anderes Mal lernte die besagte Frau, ihre Krebsangst auszulachen. Sie stand vor dem Spiegel, betrachtete ihren Körper und sagte sich anleitungsgemäß vor: „Was, *einen* Krebs soll ich haben? Das reicht überhaupt nicht! Bei meiner Vorliebe für diese Krankheit müssen es schon mindestens *zehn* Krebse sein, um mich zufriedenzustellen, einer allein ist mir zu langweilig!“ Über diesen Unsinn musste sie selber lachen, und damit war der Zwang gebrochen. Je öfter sie solchermaßen ihre Furcht austricksen konnte, desto weniger Macht hatte die Furcht über sie, und desto seltener quälte sie sie.

Es kam die Zeit, da die Angststörung im Abklingen war und es darum ging, die Intensivierung gesunden, vollen Lebens zu fördern. Dazu aber musste der (symbolische) Spiegel, in dem die Frau sich und ihren Körper jahrelang ängstlich angestarrt hatte, durchsichtig und immer durchsichtiger werden, bis er sich gleichsam in ein Fensterglas verwandeln würde, das den Blick auf die Außenwelt freigibt. Nur wer davon ablassen kann, sich ständig selbst zu bespiegeln und zu beobachten, und wer außer seinem Selbst noch andere sinnvolle Inhalte des Lebens im Blickfeld hat, der ist geheilt. Wer hingegen weiterhin vorwiegend über sich und seine (gar nicht vorhandenen) Probleme nachgrübelt, ist so gefährdet wie eh' und je, denn der Rückfall in die Neurose hängt am Ich und seiner Gewichtung.

Bevor die Therapie erfolgreich abgeschlossen wurde, drehten sich deshalb unsere Gespräche längst nicht mehr um Krankheit, Krebs und Ängstlichkeit. Wir sprachen über Freundschaften, über Ausflüge und Kunstphotographien, über Strickgeschenke, über das Erlernen einer Fremdsprache und über eine Flugreise ins „Heilige Land". Die Mimik der Frau entkrampfte sich, ihre Bewegungen wurden gelöster, ihre Augen begannen wieder zu strahlen. Sie entwickelte neue Zielvorstellungen und gewann neue Interessen. Eine therapieunterstützende Gymnastik verhalf ihr außerdem zu einer gesunden Beziehung zu ihrem Körper.

Nach Ende der Therapie vertraute sie mir bei einem Kontrolltermin noch ein kleines Geschehnis an. Und zwar sei ihr vor einiger Zeit häufig der Gedanke eingefallen, sie könne Darmverschluss bekommen, wenn sie gewisse Fleischspeisen verzehre. Daraufhin habe sie zu sich selbst gesagt: „Moment mal, die Angststörung will sich jetzt auf meinen Darm konzentrieren, nachdem das Schauermärchen vom Krebs nicht mehr zieht. Dem werde ich aber sofort einen Riegel vorschieben!" Wonach sie zum Trotz all das gegessen habe, was ihr gefährlich dünkte – und die Angst vor Darmverschluss habe sich nie wieder blicken lassen. Man kann sich vorstellen, wie sehr ich mich mit meiner Patientin freute, denn gegen eine solche „Trotzmacht des Geistes“ kommt kein Symptom und auch kein Ersatzsymptom auf, sie ist eine Stabilitätsgarantie.

Ich habe diese Krankengeschichte kurz gestreift, um an ihr die Erkenntnis der Logotherapie zu demonstrieren, wonach geistige Kräfte im Menschen walten, die in Kontraposition zu den psychischen und somatischen Faktoren im selben Menschen gehen können. Es ist ein metaphysisches Geheimnis, wie Körper, Seele und Geist eine Einheit bilden, und dennoch der Geist sich von jener Einheit distanzieren und über die Einheit hinausagieren kann, wenn es sein muss. Nicht exemplarisch im obigen Fall, aber bei vielen Krankheiten korrespondieren organischer Befund und gefühlsmäßiges Befinden miteinander. Ist der Körper krank, sinkt die psychische Stimmungslage ab; ist die Psyche krank, spielt der Körper mit und produziert alle denkbaren Symptome. Die geistigen Kräfte im Menschen jedoch müssen sich einer Krankheit nicht beugen, sie vermögen zu widersprechen. Sowohl die Fähigkeit zur *Selbstdistanzierung* als auch die Fähigkeit zur *Selbsttranszendenz*, beides geistige Potentiale, die von Viktor E. Frankl entdeckt und in Therapieprogramme eingegliedert wurden, sind im Grunde Widerspruchskräfte, denn sie können den Stimmungen, Affekten und Verwirrungen ihres Trägers trotzen.

Als meine Patientin ihre permanente Krebsangst ironisierte, indem sie sich extra zehn Krebse statt einen wünschte, sprengte sie den neurotischen Krankheitsprozess mittels geistiger Kraft. Als sie ungeachtet ihres Handikaps Englischvokabeln büffelte und Reiseprospekte wälzte, und dabei ihre Furcht weitgehend ignorierte, gab sie ihrer Krankheit geistige Opposition. Die logotherapeutischen Methoden der „Paradoxen Intention" und der „Dereflexion", um die es sich dabei handelte, und die beide nichts anderes sind als Fruchtbarmachungen der geistigen Widerstandskraft zu Heilungszwecken, würden niemals funktionieren und solch erstaunliche Resultate erzielen, wenn nicht von vornherein die grundsätzliche Möglichkeit des „Kontraponierens" in dem verschlüsselt wäre, was wir Geistiges nennen.

Diesen Erkenntnissen schließt sich eine weitere an. Die Kräfte und Fähigkeiten aus der Geistigkeit des Menschen, die sowohl dem erbbiologischen Vernichtungsprinzip als auch individuellen Krankheitsprozessen entgegenwirken können, sind nicht jederzeit verfügbar. Sie bedürfen eines wachen Bewusstseins und der bereits erwähnten Energiequelle besonderer Art, nämlich *der Wahrnehmung von Sinn*. Ein altes Sprichwort besagt: „Man kann, wenn man will", nur ist es so einfach nicht, wie jeder Arzt und Psychologe bestätigen wird. Der Wille allein genügt nicht. Das Sprichwort ließe sich allerdings, dem wahren Sachverhalt näherkommend, umformulieren: „Man kann, wenn man weiß, warum man (im eigenen Auftrag) soll". Das heißt, wenn hinter dem Willen ein Wozu steht, wenn es also wahrhaftig ein „Wille zum Sinn" (Frankl) ist, der einem Ziel zustrebt, das einem persönlich so wichtig und wertvoll erscheint, dass man es im eigenen Auftrag unbedingt erreichen möchte, dann sprudelt die Energiequelle der geistigen Potentialität, die manches Nicht-Können oder Nicht-zu-können-Glauben doch noch überwindet.

Zahlreiche Beispiele unterschiedlichster Art beweisen, wessen der Mensch, und zwar auch der kranke, alte oder behinderte Mensch, fähig ist, wenn er einen solchen Inhalt vor Augen hat, der seinem Kräfteeinsatz Sinn verleiht. Die

Beispiele reichen von Müttern, die Kleinkinder zu Hause haben und einfach nicht krank werden, wenn sie nicht ausfallen dürfen, bis hin zu Straftätern, die aus Liebe zu einem Menschen ihre gesamte Vergangenheit abstreifen. Sie umfassen blinde und taube Menschen, die ihrer Organschwäche zum Trotz großartige Werke vollbringen, und gipfeln in verhinderten Selbstmördern, die für das Vollbringen einer bestimmten Mission wieder aus vollem Herzen Ja zu ihrem Leben sagen.

Wie einseitig erscheint in Anbetracht dessen die herkömmliche Psychosomatikforschung, die sich unablässig bemüht, zu eruieren, wie groß jeweils der psychische Anteil an einer körperlichen Krankheit ist, und die praktisch kaum je auf die Idee kam, zu überprüfen, wie hoch der geistige Anteil an der Gesundheit des Menschen ist! Nur dank der Untersuchungen aus der Schule der Logotherapie können wir heute erahnen, welch gigantische Möglichkeiten für die Gesunderhaltung der Bevölkerung darin liegen, dass Weichen zur persönlichen Sinnorientierung gestellt werden oder zumindest nicht blockiert werden, wie das in den hochindustrialisierten Ländern leider oft geschieht. Ganze Bibliotheken wurden über den negativen Einfluss belasteter Emotionalität auf den Organismus geschrieben – wo aber sind die Lexika, in denen nachzulesen wäre, welch segensreichen Einfluss geistige Willenskraft und innere Sinnerfüllung auf Leib und Psyche ausüben? Die seelische Auslösung von Krankheiten haben wir zur Genüge kennen gelernt; es wird Zeit, dass auch die seelische Verhütung von Krankheiten ins Zentrum der wissenschaftlichen Aufmerksamkeit rückt.*

* Viktor E. Frankl, Theorie und Therapie der Neurosen, Reinhardt, München, [9]2007, S. 88.

Einen Fall, bei dem beides eine gewisse Rolle gespielt hat, möchte ich im Folgenden schildern.

Eine Ärztin, die ihr Leben lang im Spitalsdienst tätig gewesen war, kam wegen andauernder Depressionen zu mir. Zwei Jahre zuvor war sie an Magenbeschwerden erkrankt, hatte lange daran herumlaboriert und sich schließlich einer schweren Operation unterziehen müssen, bei der es um Leben und Tod gegangen ist. Nach der Operation ist ihr vom Arbeitgeber gekündigt worden, und sie ist in Frührente gegangen. Seither bekam sie laufend Stimmungsaufheller verschrieben, wurde aber immer deprimierter und lustloser. Ihr Lebenswille flackerte und drohte zu verlöschen.

Ich habe nur ein Gespräch mit ihr geführt und dabei eine „kopernikanische Wende" in ihrem Gemüt erzielen können, die mich selbst überrascht hat, weil sie sich nicht nur psychisch, sondern auch körperlich positiv ausgewirkt hat. Nicht nur sind seither die Schatten der Depression gebannt, der Ärztin geht es auch gesundheitlich so gut wie schon lange nicht mehr. Da ich unser Gespräch (mit Einverständnis der Patientin) auf Band aufgenommen habe, kann ich einen Ausschnitt davon wiedergeben, der zeigt, dass allein schon das Aufleuchten-Lassen einer Sinnmöglichkeit geistige Kräfte in Bewegung setzt, die zuvor brachgelegen haben. Kräfte, die Widerstandskräfte gegen Resignation und Verzweiflung sind und daher gegen Krankheitsanfälligkeit vielfältiger Art immunisieren.

Hier also ein Teil unseres Dialogs:

Sie: *Dass mir wegen Krankheit gekündigt worden ist, hat mich tief getroffen.*

Ich: *Waren Sie gerne im Spitalsdienst tätig?*

Sie: *Eigentlich nicht, aber ich hätte nie von mir aus gekündigt.*

Ich: *Warum nicht, wenn sie doch gar nicht gerne dort tätig waren?*

Sie: *Ach, wissen Sie, ich versuche immer, alles so gut wie möglich zu machen. Ich gebe nicht so schnell auf, egal, wo ich stehe ...*

Ich: *Aber gäbe es nicht vielleicht einen Platz, an dem Sie lieber gestanden wären, als auf dem Platz einer Spitalsärztin?*

Sie: *Doch, ich glaube schon. Es hat mich oft gestört, dass ich nie genug Zeit für die Kranken hatte; alles musste ständig schnell gehen. Man ist bei der Visite von Bett zu Bett geeilt – den Blick mehr auf dem Ausdruck der Apparate, auf Anzeigetafeln, als auf Gesichtern, alles wie am Fließband ...*

Ich: *Wenn Sie sagen, Sie hätten von sich aus nie gekündigt, wie hätte das Schicksal Sie dann vom Spitalsdienst loseisen können, um Ihnen jemals in Ihrem Leben die Gelegenheit zuzuspielen, eine für Sie passendere, eine geliebtere Aufgabe zu übernehmen?*

Sie: *(nachdenklich) Sie meinen, nur über meine Krankheit und die daraufhin erfolgte Kündigung konnte ich von einem ungeliebten Dienst befreit werden? Befreit werden, um für etwas anderes frei zu sein ...? Daran habe ich noch nie gedacht – aber näher betrachtet stimmt es.*

Ich: *Sagen Sie, als Sie schwer krank waren und auf der Intensivstation lagen, als Sie zwischen Leben und Tod schwebten, da kam es, wie Sie als Ärztin wohl wissen, sehr stark auf Ihre innere Einstellung an. Hatten Sie damals den Wunsch zu leben? Wollten Sie überleben?*

Sie: *Ja. Möglicherweise nicht klar bewusst, aber ich wollte überleben.*

Ich: *Wenn Sie überleben wollten, dann wollten Sie für etwas überleben. Bitte versuchen Sie sich zu erinnern: was war das, wofür Sie überleben wollten? Woran haben Sie damals in jenen kritischen Stunden gedacht?*

Sie: *Ich glaube, ich habe daran gedacht, wie schade es doch wäre, wenn ich jetzt stürbe, denn ich hätte sozusagen mein Bestes noch gar nicht erbracht, ich hätte das Beste noch gar nicht gegeben, das in mir steckt ...*

Ich: *Und jetzt? Ihr Wunsch ist in Erfüllung gegangen. Sie haben überlebt. Sie sind vom Spitalsdienst befreit. Sie besitzen jetzt auch das, was Sie als Spitalsärztin niemals für Ihre Patienten hatten: Zeit. Da ist also das Geschenk, lebendig zu sein, und das Geschenk, Zeit zu haben, und da ist Ihr tiefes, inneres Bedürfnis, das Beste zu entfalten, dessen Sie fähig sind, bevor es zu spät ist.*

Sie: *Merkwürdig, wenn ich Ihnen zuhöre, kommt mir fast vor, als hätte ich jetzt eine ungeheure Chance, ja, als hätte alles genauso kommen müssen, bloß damit sich mir diese Chance auftut; und dabei hatte ich schon gar keine Lust mehr zu leben!*

Ich: *Ihre starke geistige Widerstandskraft, die Sie gegen Ihre schwere Krankheit aufgebracht haben, Ihr Wille zu überleben, würde sich dies alles denn gelohnt haben für eine verlängerte Lebensspanne, die mit nichts gefüllt und lustlos verbracht wird?*

Sie: *Um Himmels Willen nein! Wie konnte ich so blind sein? Gewiss ist mir das Leben zurückgeschenkt worden, damit ich etwas Sinnvolles damit anfange. Und ich weiß auch, was ich gerne machen würde. Ich würde gerne leidende, einsame Menschen trösten. Ich würde gerne tun, wofür die Ärzte normalerweise keine Zeit haben, nämlich am Bett der Kranken sitzen und mit ihnen sprechen, ihre Sorgen teilen, ihnen das Gefühl geben, dass jemand bei ihnen ist, dass sie nicht allein sind.*

Ich: *Meinen Sie, dass Sie als Ärztin ein Einsatzgebiet finden könnten, wo sich diese Aufgabe erfüllen lässt?*

Sie: *Ja, das ist schon möglich. Ich bin nicht auf Geld angewiesen. Ich darf gar nicht viel zu meiner Frührente dazuverdienen. Ich werde mich in Sanatorien oder Pflegeeinrichtungen umhören, sicher hat man irgendwo Verwendung für mich, und ich könnte so manchen fremden Schmerz noch lindern helfen …*

Als die Ärztin mich verließ, war sie, wie gesagt, voller Zuversicht, und ist, wie sie mir Monate später schriftlich mitteilte, an ihrer neuen Aufgabe gesundet.

Wollten wir diese Krankengeschichte wissenschaftlich aufbereiten, müssten wir in Hinblick auf psychosomatische und somatopsychische Zusammenhänge folgendes feststellen: Ob die frühere schwere körperliche Erkrankung der Ärztin als Reaktion auf ihre anhaltende Frustration über den unbefriedigenden Spitalsdienst erklärbar gewesen wäre, ist mehr als fraglich, jedenfalls nicht eindeutig zu belegen. Dass jedoch der rasche Rückgang ihrer Depression als Ergebnis einer geistigen Öffnung gegenüber den Sinnmöglichkeiten ihrer gegenwärtigen Situation zu interpretieren ist, lässt sich kaum abstreiten. Lernen wir daraus, dass wir beim Vorliegen organischer Schäden niemals genau wissen, wie groß der psychische Anteil an ihnen wirklich ist, während wir beim Auftreten geistiger Heilungskräfte fast immer darauf schließen dürfen, dass eine echte und tiefe Sinnerfahrung dahintersteht.

Der erwähnte Dialog ist noch aus einem weiteren Grunde für unser Thema interessant. Es ist darin das Wort „überleben“ gefallen und hat an die Frage „wozu?“ angeknüpft. Und es ist auch eine Antwort im logotherapeutischen Gespräch angeklungen. Eine Antwort, wie sie auf ähnliche Weise die vorher geschilderte Patientin zur Überwindung ihrer krankhaften Angst ermutigt hat, und wie sie vielen anderen Ratsuchenden schon nahe gelegt werden konnte, nämlich: *Überleben um der positiven Möglichkeiten willen, die in der eigenen Existenz erahnbar sind.* So aussichtslos und verfahren kann eine Situation überhaupt nicht sein, dass nicht irgendwelche positiven Möglichkeiten in ihr verborgen wären, und solange und sobald sich jemand dessen bewusst wird, hat er auch einen Grund zum Überleben, und sei es bloß der, jenen positiven Möglichkeiten eine Verwirklichungschance einzuräumen.

Solch existentielle Erwägungen tauchen in der Alltagsroutine selten auf, aber Krankheit, Leid oder Versagen rufen sie schnell ins Gedächtnis. Natürlich hat fast jeder kranke oder leidende Mensch den dringenden Wunsch, seine Krankheit oder Krise zu überleben; und jede ärztliche oder therapeutische Bemühung ist nichts anderes als eine Taktik, der Konkretisierung dieses Wunsches künstlich nachzuhelfen. Der Wunsch allein hat allerdings wenig Einfluss, denn den meisten Einbrüchen unseres Lebens haftet auch etwas Schicksalhaftes an, das außerhalb unserer Macht steht. Dennoch kann der Betroffene selber dazu beitragen, seine Krankheit oder Notsituation zu überleben. Die aktuellen Forschungen weisen in Klarheit darauf hin, dass dieser Eigenbeitrag:

1) nur geistiger Natur sein kann (denn körperlich und psychisch ist der Kranke bzw. Leidende ja beeinträchtigt),
2) auf geistigen Widerstandskräften, insbesondere der Fähigkeiten zur Selbstdistanzierung und zur Selbsttranszendenz beruht, und
3) zur Mobilisierung dieser Kräfte des Gewahrwerdens eines Lebensinhaltes bedarf, der dem Überleben Sinn gibt.

Wo diese drei Kriterien erfüllt sind, ist der optimale Beitrag eines Kranken zu seiner Wiedergenesung, und eines Leidenden zur Verlust- oder Versagensbewältigung gewährleistet. Doch selbst, wenn keine Verbesserung der Gegebenheiten realisierbar ist, weil es sich um ein unabwendbares Leiden handelt, kann die Erfüllung der drei Kriterien noch entscheidende Erleichterung bringen, was die Erträglichkeit des Unabänderlichen betrifft.

Wir sind davon ausgegangen, dass der Mensch als einziges Lebewesen dieser Erde Anteil hat an einer geistigen Dimension, und dass er daraus Oppositionskräfte schöpfen kann gegen den Zwang zur Destruktion und Aggression, der ihn seit der Entstehung seiner Zellgrundlagen beherrscht. Wir haben ferner die Problematik des kranken und speziell des psychisch kranken Menschen gedanklich gestreift und bemerkt, dass Parallelen bestehen: Auch der Kranke kann und soll aus seiner Geistigkeit Kraft schöpfen, um seinem Leiden Widerstand zu leisten. Auch er ist mit etwas Destruktiven in sich selbst konfrontiert, das es durch Distanzierung und Transzendierung aufzuheben gilt, um innerlich frei zu werden für eine trotz allem lebenswerte Existenz.

So gesehen ist die Tragik der Menschheit auch die Tragik des Einzelnen; die geistige Auseinandersetzung mit dem Schicksal ist die Tragödie des Menschen schlechthin. Und immer ist das Schicksal das Unbegreifliche, das Unwahrscheinliche, das ewig Schweigsame, der Ort, an dem unsere bangen Fragen ungehört verhallen. Warum so viel Böses in der Welt? Warum so viel Kummer ringsum? Wir wissen es nicht. So bleibt uns denn nur eines: zu bedenken, was Viktor E. Frankl zum Angel- und Ausgangspunkt seiner Philosophie gemacht hat, nämlich, dass wir nicht die Fragenden sind, zumindest nicht die „das Schicksal Befragenden". Wir sind nicht diejenigen, denen das Fragen nach höheren Fügungen zusteht, sondern unsere Aufgabe ist es umgekehrt, Antwort zu geben auf die Fragen, die das Schicksal uns stellt. Krankheit, Not und Gefahr sind die Fragezeichen unseres Lebens, nicht unbedingt mit eigener Hand geschrieben, aber in eigener Handschrift zu beantworten durch die Art, wie wir darauf reagieren. *Alles, was wir tun und lassen, sind Antworten auf Schicksalsfragen.*

Nach logotherapeutischer Auffassung erklärt die traditionelle Psychologie menschliches Verhalten ähnlich einseitig, wie die traditionelle Psychosomatik die Entstehung von Krankheitsbildern einseitig erklärt. Ist es doch ein veralteter Trend der Psychologie, menschliche Äußerungen auf emotionale Ursachen zurückzuführen, die im Erbgut, in der Kindheit oder in den Lernprozessen der Lebensvergangenheit verankert sind. Unter Zuziehung geistiger Aspekte stimmt dieses Reaktionsmodell nicht, denn der Mensch ist kein simpler „Reaktionsapparat", sondern gibt selbständige Antworten, für die er auch selbständige Ver-Antwort-ung trägt. Und je mehr sich seine geistigen Antworten am Sinn einer Sache orientieren, desto unabhängiger sind sie von den Losungen eines undurchschaubaren Schicksals.

Helfen wir deswegen unseren (geknickten) Mitmenschen, ihre Ängste, Sorgen und Nöte als Herausforderung des Schicksals zu verstehen, auf die sie eine persönliche Antwort ihrer Wahl zu geben vermögen, und sie werden den Mut aufbringen, ihrem Schicksal die Stirn zu bieten. Lassen wir sie konkrete Möglichkeiten erspüren, wie sie ihr Schicksal in einen Sinnzusammenhang einordnen können, und sie werden ihre jeweilige Problemsituation heldenhaft meistern. Sprechen wir dem Menschen das Gute zu, und er mag das Böse in sich überwinden. Zeigen wir ihm ein Wozu, und er wird die Kraft für alles andere selber finden.

Damit sind wir bei der etwas verwunderlichen Frage: „Überleben – wozu?“ angelangt.* Wäre es in einer risikoträchtigen Epoche wie der unsrigen nicht genug, das Überleben sichern zu können; ist es nicht verwegen, auch noch wissen zu wollen, wozu? Muss denn nicht grundsätzlich zunächst das Leben bewahrt werden, ehe man daran gehen kann, nach seinem Sinn zu fahnden?

Das ist richtig, und doch ist im 3. Jahrtausend ein Punkt erreicht, an dem Erfahrungen aus der Psychiatrie und Psychotherapie anwendbar werden im großen Stil. Denn die Menschheit nimmt verdächtig ähnliche Züge an wie die eines Selbstmordkandidaten. Und kein Selbstmordkandidat bewahrt sein Leben grundsätzlich. Man könnte die Selbstmordgefährdung geradezu definieren als den Verfall der Grundsätzlichkeit des Lebenswillens. Aber auch wenn der Lebenswille schwankt, wenn die körperlichen und seelischen Kräfte nachlassen und die Degeneration fortschreitet ... noch kann der Mensch in einer inneren Schau Möglichkeiten vorwegnehmen, und deshalb enthüllen sich zahlreiche Möglichkeiten der Zukunft in seiner Imagination, die negativen genauso wie die positiven. Die negativen möchten ihn in die Resignation zwingen, aber die positiven fordern ihn unablässig heraus.

Die Pflanzen konnten auf ihre „friedliche“ Art überleben, ohne sich je die Frage zu stellen, wozu. Die Tiere konnten auf ihre „aggressive“ Art überleben, ohne sich je die Frage zu stellen, wozu. Der Mensch, der kraft seiner Geistigkeit Fragen stellen, überdenken und beantworten muss, kann das nicht.

* Leitthema des 3. Weltkongresses für Logotherapie im Juni 1983 an der Universität Regensburg, auf dem Viktor E. Frankl das Große Bundesverdienstkreuz mit Stern der Bundesrepublik Deutschland erhielt.

Seine „aggressive" Art, die er mit den Tieren teilt, und die schiere Unendlichkeiten lang für ihn Vernichtungsprinzip und Lebensprinzip zugleich gewesen ist, ist an ein Limit gelangt, an der sich die Konturen zwischen beidem verwischen. Das Leben der Erdbevölkerung beginnt, sich selbst zu vernichten. Der Fisch Stizostedion im Menschen beginnt, seinen eigenen Schwanz aufzufressen. Was jetzt noch den weltweiten Kollaps aufhalten könnte, ist einzig und allein jene seltsame Kontraposition des Geistes, die den Menschen zu unglaublichen Willensanstrengungen befähigt, vorausgesetzt, dass ein Sinn erkennbar wird, der die Energiequelle seines Geistes fließen lässt. Ein Sinn, der nur in den noch zu verwirklichenden positiven Möglichkeiten menschlicher Existenz gefunden werden kann.

Die Anzeichen mehren sich, dass uns relativ wenig Zeit bleibt, zu überleben, um nachher die Frage nach dem Wozu zu diskutieren. Umgekehrt aber könnte sich eine überragende Chance auftun: Aus einem gemeinsamen Wissen um ein Wozu würde die vereinte Kraft zum Überleben neu entsprießen. Die Logotherapie als medizinische Wissenschaft gibt keine allgemeingültige Antwort auf die Frage Wozu, aber die Logotherapie als sinnzentrierte Psychotherapie kann jeden, der diese Frage inbrünstig stellt, zu seiner eigenen Antwort geleiten. Damit gleicht sie jenem Lehrer, über den Khalil Gibran in seinem Buch: ,,Der Prophet" schrieb:

Ist er wahrhaft ein Weiser, so fordert er euch nicht auf,
das Haus seiner Weisheit zu betreten;
eher geleitet er euch zur Schwelle eures eigenen Geistes.

Aspekte psychosomatischer Erkrankungen

Viktor E. Frankl hat auf die Berechtigung einer gewissen „reservatio mentalis“ hinsichtlich der Psychogenese von somatischen Erkrankungen hingewiesen und in seinem Schrifttum wiederholt diesbezügliche Vorbehalte zum Ausdruck gebracht. Sie sollen an Hand eines Fallbeispieles im Einzelnen illustriert werden.

Eine 60jährige Patientin erzählt im psychotherapeutischen Gespräch ihre Lebensgeschichte. Sie erwähnt unter anderem zwei Ereignisse mit explosivem psychosomatischen Zündstoff. Das erste war das Ende ihrer nie wirklich begonnenen Karriere als Schauspielerin vor über 30 Jahren. Trotz guter Ausbildung und hohem Einsatz hat sie den Durchbruch auf der Bühne nicht geschafft. Daraufhin, berichtet sie, sei ihr nach wochenlangem Weinen „eine Niere abgerutscht“ und habe in einer komplizierten Operation an den richtigen Platz zurückgeholt werden müssen. Das zweite Ereignis war noch gravierender. Es handelte sich um die Wiederverehelichung ihres Vaters nach dem Tod ihrer Mutter vor etwa 20 Jahren. Diese Ehe des Vaters sei ein Missgriff gewesen. Die neue Frau habe dem Vater das Leben zur Hölle gemacht und ihn schließlich in einen Herzinfarkt hineingetrieben, von dem er nicht mehr genesen sei. Er starb, so die Patientin, an „gebrochenem Herzen“.

Was hätte Viktor E. Frankl dazu gesagt?

Punkt 1

Psychogen, was bedeutet, rein psychisch verursacht, ist nach heutigem Stand der Wissenschaft weder eine Nierensenkung noch ein Herzinfarkt. Derlei schwere organische Defekte können allenfalls *psychosomatische* Gebrechen sein, was in sauberer Definition heißt, dass sowohl am Nierentrakt als auch am Herzen der betreffenden Personen längst latente Schäden vorgelegen sein müssen, die sich durch das Hinzutreten psychischer Auslöser, sogenannter Emotionalstressoren, verschlechtert haben oder vom Körper nicht mehr kompensiert werden konnten. Die Verwechslung von psychischen Ursachen mit psychischen Auslösern, also von „psychogen" mit „psychosomatisch", ist unter Laien und Nichtmedizinern leider verbreitet. Auch die Patientin aus dem Fallbeispiel sagt nicht: „Mein Vater hatte ein schwaches Herz, und dazu kam die Aufregung über eheliche Zwistigkeiten ..." Nein, sie sagt: „Die böse Stiefmutter war schuld an seinem Tod". Man sieht, es ist eine Verwechslung mit zwischenmenschlichen Folgen!

Punkt 2

Angenommen, es scheinen bei einer somatischen Krankheit psychische Auslöser auf; worin bestehen sie genau? In der Trauer über einen verfehlten Beruf? Im Leiden unter einer keifenden Frau? Duckt sich denn der Mensch einfach unter missgünstigen Einflüssen und Umständen? Nimmt er nicht vielmehr Stellung zu allem in ihm und um ihn und auch zu den jeweiligen Gegebenheiten, wie sie sich nun einmal präsentieren?

Aus der Logotherapie wissen wir längst, dass die Person immer ihre „Zutat" zum Geschehen gibt, indem sie Position bezieht, und dass sie solcherart ihre Gesundheit fordert oder gefährdet, bzw. ihre Krankheit plastisch mitgestaltet. Demzufolge wird jeder psychische Auslöser mit geistigen Augen betrachtet, wenn auch mehr oder weniger wach bewusst, wird bewertet und mit Entscheidungen beantwortet.

Auf das Fallbeispiel bezogen, wären die unterschiedlichsten Positionen der agierenden Personen denkbar gewesen. Hier seien jeweils nur zwei konträre herausgegriffen. Die Patientin hätte vor 30 Jahren, als ihre Schauspielerinnenlaufbahn beendet werden musste, die Position wählen können: „Wer weiß, wofür es gut ist". Oder sie konnte die Position einnehmen: „Jetzt werde ich meines Lebens nicht mehr froh". Beide Stellungnahmen sind, wie leicht einzusehen ist, von unterschiedlicher Wirkung auf den ganzen Menschen. Vielleicht also war das damalige wochenlange Weinen der Patientin, das von so hoher psychosomatischer Brisanz gewesen sein soll, mehr von der inneren Einstellung der Frau zur beruflichen Problematik abgehangen als von der Problematik selbst. Ebenso hätte sich ihr Vater in Hinblick auf die Reibereien mit der 2. Ehefrau vor 20 Jahren sagen können: „Wir sind eben in vorgerücktem Alter und nicht mehr sehr anpassungsfähig, deshalb müssen wir einander mit hoher Toleranz begegnen und manches nachsehen". Oder er konnte sich auf die Einstellung festlegen: „Diese Heirat ist eine einzige Katastrophe". Und wiederum mochte für sein weiteres Befinden mehr von seiner geistigen Reaktion auf die missglückte Zweitehe abgehangen sein, als vom Eheverlauf selbst. Im Fazit gilt: Wenn es sich bei den genannten Fällen überhaupt um psychosomatische, nämlich psychisch ausgelöste Erkrankungen gehandelt hat, dann hat sich auch der geistige („noetische") Faktor ätiologisch zugesellt, und es sind, präzise diagnostiziert, *noopsychosomatische* Erkrankungen gewesen.*

* Die Begriffe „noetisch" und „noo-" leiten sich vom griechischen Wort „nous" = Geist ab.

Punkt 3

Bei all diesen Überlegungen ist nicht gewährleistet, dass latente Schäden des Organismus nicht auch ohne psychische Auslöser und unerfreuliche äußere Umstände zum Krankheitsausbruch führen. Da ein Leben niemals unter veränderten Vorzeichen wiederholbar ist, bleibt es unüberprüfbar, ob etwa die Patientin aus der Fallgeschichte nach einer glänzenden Aufnahme am Theater keine Nierensenkung bekommen hätte, oder ihr Vater alleinlebend keinen Herzinfarkt. Gelegentlich werden ja selbst glückliche Menschen krank.

Überdies ist statistisch erwiesen, dass Belastungen den Menschen häufig erstarken lassen, anstatt ihn zu schwächen. Viktor E. Frankl, der in Sachen „Bewältigung von Belastungen" kompetent ist wie kaum ein anderer Zeitzeuge des turbulenten 20. Jahrhunderts, und noch dazu als Seelenarzt eine geschärfte Beobachtungsgabe besaß, schrieb dazu:*

Insbesondere wäre es verfehlt, die seelische Belastung durch Probleme in ihrer pathogenen Bedeutung zu überschätzen; denn es ist eine alte Erfahrungstatsache, dass Situationen äußerer Not und Krise im allgemeinen mit einer Verminderung neurotischer Erkrankungen einhergehen; und auch im Leben des Einzelmenschen zeigt sich häufig genug und immer wieder, dass sich eine Belastung im Sinne von Beanspruchung seelisch eher gesundheitsfördernd auswirkt. Ich pflege das immer zu vergleichen mit der Tatsache, dass ein baufällig gewordenes Gebäude dadurch gestützt

* Viktor E. Frankl (hg. von Elisabeth Lukas), Zeiten der Entscheidung, Herder, Freiburg [3]2000, S. 40.

und gefestigt werden kann, dass man es belastet. Umgekehrt zeigt sich auch, dass Situationen der Entlastung, also sagen wir der Befreiung von einem langen und schweren seelischen Druck, vom seelisch-hygienischen Standpunkt gefährlich sind. Denken wir doch nur an Situationen wie die Entlassung aus der Gefangenschaft. Nicht wenige Menschen haben erst dann, also erst nach der Entlassung, ihre wahre seelische Krise erlebt, während sie zur Zeit der Gefangenschaft gerade unter diesem äußeren und inneren Druck gezwungen und auch imstande waren, ihr Bestes zu geben und das Äußerste zu leisten, physisch ebenso wie moralisch.

Wer sagt uns folglich, dass es nicht (entgegen der Meinung der Patientin) *Entlastungen* gewesen sind, die sich pathogen ausgewirkt haben? Zum Beispiel ihre beträchtliche Freizeit nach Absolvierung der Schauspielschule und ohne Engagement? Oder die Freistellung ihres Vaters von den häuslichen Arbeiten, die er zwar noch als Witwer, aber nicht mehr nach seiner Wiederverehelichung verrichten hat müssen? Wer kennt das volle Ausmaß existentiellen Leerlaufs?

Punkt 4

So viel in der Allgemeinheit von psychosomatischen Zusammenhängen die Rede ist, so wenig ist die Rede von *somatopsychischen* oder gar *noosomatopsychischen* Zusammenhängen. Dabei liegen diese auf der Hand. Eine Nierenoperation, einen Herzinfarkt, steckt man nicht einfach weg. Das sind Grenzerfahrungen mit erheblichen psychischen Auswirkungen, die zu geistigen Stellungnahmen aufrufen. Es sind Konfrontationen mit der eigenen Sterblichkeit und Vergänglichkeit, die bisherige Werte verschieben und das Sein des Menschen verändern. Nach massiven gesundheitlichen Einbrüchen ist man nicht mehr derselbe wie vorher. Warum herrscht darüber eher Schweigen, sowohl in der Bevölkerung, als auch in der Fachwelt, warum wird das Nachher körperlicher Erkrankung in Bezug auf „psychologisches Beiwerk" weniger beachtet als das Vorher?

Im Fallbeispiel berichtet die Patientin nebenbei, dass ihr Vater das Krankenhaus gehasst hat und es nach seinem Herzinfarkt dort kaum ausgehalten hat. Könnte es nicht sein, dass er starb, weil er als Herzkranker nicht weiterleben wollte, weil er sich in der Reaktion auf seinen Infarkt selbst aufgab? Sie berichtet ferner, dass sie nach ihrer Nierenoperation eine Umschulung zur Sonderschullehrerin begonnen und sich alsbald auf einen neuen beruflichen Start vorbereitet hat. Wobei ihr diverse Lerninhalte aus der Schauspielzeit wie Rhetorik, Tanzen, Singen und sogar Zauberkunststücke zu Gute gekommen sind. Könnte es demnach sein, dass sie wieder gesundete, weil sie – von der Krankheit „befragt" – entschied, leben zu wollen, auch als Nichtschauspielerin? Vielleicht ist für eine Genesung die innere Antwort der Person auf die Krankheit letztlich ausschlaggebender als die Krankheitsvorgeschichte in ihrer nie völlig erhellbaren Komplexität.

Soviel zur „reservatio mentalis", die vor einer verfrühten Anwendung der Primitivformel: „Wer sich ärgert, wird krank" warnen soll. Der Gültigkeitsbereich dieser Formel ist, wie dargelegt, durch etliche „Wenn und Aber" eingeschränkt.

Gehen wir nun davon aus, dass die Formel dennoch in gewissen Fällen zutrifft. Was hat es dann mit dem Krankheitsauslöser „Ärger" auf sich, was ist sozusagen die „psychosomatische Ladung", die er im Organismus unheilvoll platzieren kann? Dazu bietet die Logotherapie ein genial durchkomponiertes Konzept an. Es wird aufgespannt von ihren drei theoretischen Säulen „Freiheit des Willens", „Wille zum Sinn" und „Sinn des Lebens". Während die dritte Säule auf ein *außerhalb* des Menschen verweist, auf den allumfassenden Sinn, der sich dem Menschen in Minidosis von Stunde zu Stunde offeriert (wenngleich durch die Schleier der Relativität und Subjektivität getrübt), haben die ersten beiden Säulen etwas im Menschen Liegendes im Visier, und zwar das spezifisch Menschengemäße: Die innere Freiheit, wie armselig und dürftig sie auch sein mag, und die unausrottbare Sehnsucht nach dem „Licht hinter dem Schleier", nach ein wenig Abglanz davon im eigenen Leben. Wahres Menschentum kann nur in Freiheit und Sinnerfüllung stattfinden und in Verbindung zum schöpfungsgemäßen Außerhalb, das ins Leben einfällt und es zu einem menschlichen erhebt. Wo sich dabei Barrieren auftürmen, entsteht – nicht bloß emotionaler, sondern – *existentieller Stress.* Es wird wider das eigene Wesen gelebt, es wird menschenungemäß gelebt, was lebensstörende, eben krankmachende Resultate zeitigen muss.

Wenden wir uns jetzt dem Phänomen „Ärger" zu. Worüber ärgert man sich hauptsächlich? Die Patientin aus unserem Beispiel hat es uns verdeutlicht. Sie ärgerte sich *über sich selbst,* als sie seinerzeit manche Sprechprobe auf der Bühne nicht bestand. Und ihr Vater ärgerte sich über jemand Anderen, als er mit seiner zweiten Frau nicht harmonierte. Häufigster Gegenstand des Ärgers ist mithin das Selbst oder ein Anderer. Nun lässt sich zeigen, dass bei beiden Formen des Ärgers eine Säule des Menschengemäßen schmerzlich berührt wird. Wer sich über sich selbst ärgert, befindet sich in einem Sinnvakuum, Sinnzweifel oder Sinnkonflikt. Er ärgert sich über seine Unfähigkeit, die

Dinge auf die Reihe zu bringen, sinnvolle Ziele zu erkennen, zu ordnen oder zu erreichen. Sein Lebenswertgefühl sinkt ab, und sein „Wille zum Sinn“ ist frustriert. Wer sich über jemand Anderen ärgert, befindet sich in einer Ohnmachtslage. Er ärgert sich über ein Fremdverhalten, das er nicht unter seiner Kontrolle hat, das über seinen Kopf hinweg entschieden wird, und empfindet sich deshalb als selbstunwirksam, hilflos und ausgeliefert. Seine „Freiheit des Willens“ scheint erloschen zu sein. Das sind die existentiellen Stressoren. Leben wider das eigene Wesen in Freiheit und Sinnerfüllung heißt immer auch Leben wider den eigenen Organismus, der dann an der schwächsten Stelle wie eine Sicherung durchbrennt.

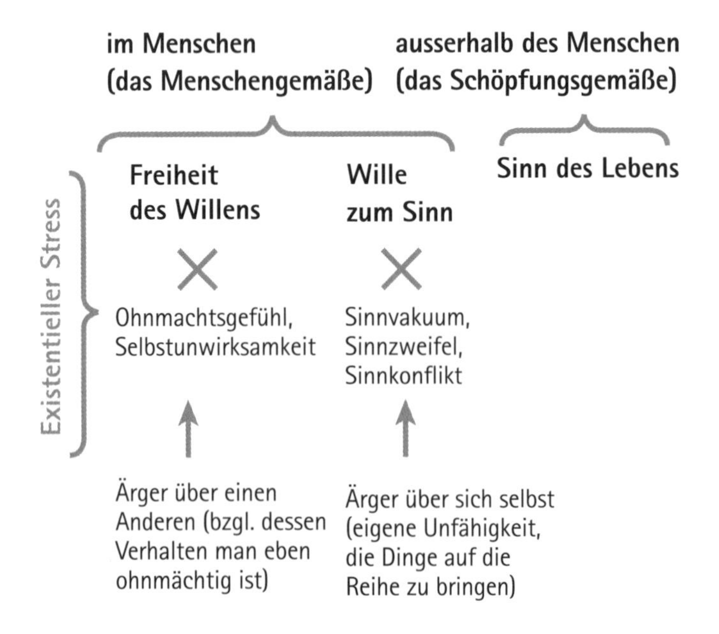

Dem Existentiellen wohnt das Emotionale bei. Ärger meint bekanntlich ein besonderes Gemisch aus Wut, Angst, Trauer und Verzweiflung, mit einer zentralen Fokussierung auf Anklage, Vorwurf und Kritik. Insbesondere letzteres lähmt sämtliche Kräfte, was normaler Anforderungsstress niemals tut. Der Organismus schwingt im steten Rhythmus zwischen Spannung und Entspannung, sammelt Energien für eine Aufgabe, bewältigt sie und entlädt dabei seine Energien, um sie in einer Rekreationsphase zu erneuern und für die nächste Aufgabe bereitzustellen. Unter Ärger jedoch ballen und bündeln sich die Kräfte des Organismus *ergebnislos*, es kommt zu keiner Lösung, Entkrampfung und Entspannung, weil Anklage, gegen wen immer, im Prinzip unfruchtbar ist. Richtet sie sich gegen das Selbst, drückt sie dieses noch tiefer in die bestehenden Lebenssinnzweifel hinein. Richtet sie sich gegen Andere, modelliert sie noch schärfer die eigene Ohnmacht angesichts deren Entscheidungen heraus. Der Organismus erstickt sozusagen unter der Wucht der von ihm umsonst produzierten, unentladenen Energien. Entspannungsübungen können hier Erleichterung schaffen, sind aber nicht „die ganze Hilfe", wenn der Ärger bleibt. Was wirklich Abhilfe verspricht, ist einzig eine Neutralisierung des existentiellen Stressors. Das für menschliches Leben unbedingt notwendige Stück innere Freiheit und Sinnerfüllung muss wieder hergestellt werden. Aber wie?

Der logotherapeutische Vorschlag lautet: durch eine *Blickwinkelverschiebung*. Wer sich über einen oder mehrere Andere ärgert, wird zur vermehrten *Konzentration auf sich* angehalten. Er muss sich wieder auf die eigenen Freiräume besinnen, auf dasjenige, was in seiner Hand liegt und in seiner Macht steht, kurz, auf das selbst Entscheidbare. Hier und nur hier hat er Möglichkeiten, mehr, als er im Augenblick vermutet, und grandiosere, als er ahnt. Hier ist er frei zu wählen, Kluges und Edles, wenn er will, durch keinerlei Handikap eingeschränkt; im eigenen Freiraum ist er König, während er im Freiraum des Anderen Untertan ist. Die *Konzentration auf sich* klingt erstaunlich „unlogotherapeutisch", darf jedoch nicht mit Egozentrizität verwechselt werden, was tatsächlich den therapeutischen Intentionen entgegenliefe. Nein, im genannten Zusammenhang der Blickwinkelverschiebung restauriert die vermehrte Konzentration auf sich selbst die Säule „Freiheit des Willens", indem sie das von sich selbst „Wollbare" zum wieder Erlebbaren macht.

Umgekehrt wird der Mensch, der sich über sich selbst ärgert, logotherapeutisch zur vermehrten *Konzentration auf Andere und Anderes* stimuliert. Er soll sich vom inzüchtigen Grübeln und Kreisen ums Eigene abwenden und Kontakt aufnehmen mit seiner Umwelt, dann wird „der Sinn" alsbald durchsickern. Jener Sinn, der nur aus Bezügen abzulesen ist und nur dem Weltoffenen zuteilwird. Im Überschritt über sich selbst findet der Mensch seine Identität, wenn es sein muss, eine Neue; im loslassenden Wagnis über sich selbst hinaus lernt er seine Bestimmung kennen; in der Schau eines nichtichhaften Sinnes regeneriert sich die ichstarke Säule „Wille zum Sinn".

Wen überrascht es, dass die therapeutische Blickwinkelverschiebung jeweils das zu kurz Gekommene, das zu wenig Wahrgenommene anpeilt, das Selbst oder Andere(s), je nachdem? Muss doch alle Therapie ausgleichend Horizonte weiten, wo Enge ist, denn Enge schnürt zu, geistig wie körperlich!

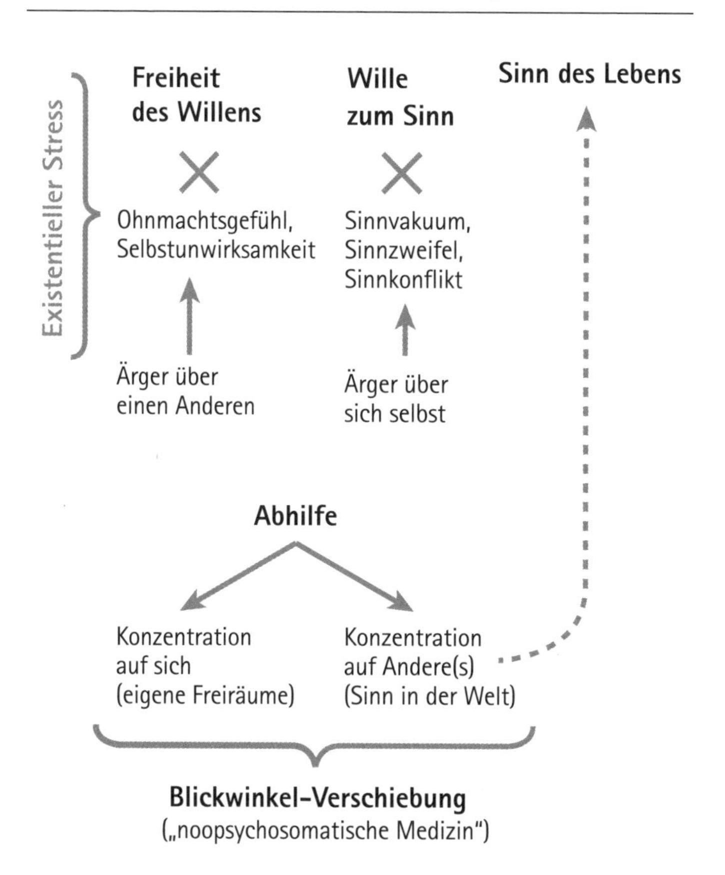

Die Primitivformel: „Wer sich ärgert, wird krank" lässt sich demnach genauer aufschlüsseln: „Wer sich ärgert, fokussiert das Falsche. Und wer das Falsche fokussiert, kann krank werden". Übertragen wir die variierte Formel auf das Fallbeispiel. Wenn der Vater der Patientin fokussiert, was seine zweiten Frau macht, nämlich mit ihm macht, geht es ihm schlecht. Nützt er seinen eigenen Freiraum (zum Gespräch, zum Aufsuchen einer

Eheberatung, zum Widerstand, zur Trennung, zur Vergebung etc.), geht es ihm besser. Sollte er sich selbst ändern, statt seine Partnerin ändern zu wollen, würden sich seine Ohnmachtsgefühle schlagartig verlieren. Wenn die Patientin fokussiert, dass ihre Berufskarriere zusammengebrochen ist, geht es ihr ebenfalls schlecht. Hält sie Ausschau nach den Sinnangeboten der Welt (Wer wird gebraucht? Sonderschullehrerinnen? Welche Eignung ist für die Arbeit mit behinderten Kindern erforderlich?), geht es ihr besser. Sie entdeckt, dass ihre Talente auch für diesen Beruf von hohem Wert sind. Gehorcht sie dem *Sinnoffert,* verschwindet das Sinnvakuum aus ihrem Leben. Wer wollte bestreiten, dass das logotherapeutische Rezept „Blickwinkelverschiebung" eine ausgezeichnete „noopsychosomatische Medizin" darstellt?

Abschließend sei die Fallgeschichte, die uns durch unsere Erwägungen hindurch begleitet hat, noch zu Ende erzählt.

Der Ehemann der Patientin ist vor einigen Monaten verstorben. Die Patientin hat sich in einen jüngeren, verheirateten Mann verliebt. Sie ist sehr unglücklich, weil jener Mann sie eigensüchtig benützt, rücksichtslos kommt und geht, wann er will, und es nicht ehrlich mit ihr meint. Sie klammert dennoch an ihm fest und schämt sich gleichzeitig ihrer selbst. In letzter Zeit ist sie oft krank, leidet unter Eiterherden am Zahnfleisch, Venenentzündung und ständig verschleppter Grippe. Ihr Immunsystem ist geschwächt.

Diesen Tatbestand aufgreifend frage ich sie: Will sie beide „psychosomatischen Katastrophen", von denen sie mir berichtet hat, wiederholen? Ihr Vater hat ein zweites Mal geheiratet, und es war angeblich die falsche Wahl gewesen. Sie bindet sich ein zweites Mal, und es sieht auch nach falscher Wahl aus.

Sie hat sich ferner einst geschämt wegen ihrem Versagen als Schauspielerin. Und jetzt schämt sie sich erneut ... An dieser Interventionsstelle gewinne ich ihre Mitarbeit.

Unser weiteres Gespräch peilt eine doppelte Blickwinkelverschiebung an. Wir diskutieren die folgenden Inhalte:

1) Was der Mann, in den sie verliebt ist, entscheidet, muss *er* verantworten. Sie hat ihre eigenen Freiräume. Sie kann z. B. zu seinem Tun Ja oder Nein sagen und muss nicht alles mit sich geschehen lassen. Für die Beziehung ist es vorteilhafter, sich möglichst unabhängig von ihm zu geben. Nicht daheim zu sitzen und auf ihn zu warten, oder gar zu heulen, wenn er sein Wort nicht hält und auf sie vergisst. In Eigenständigkeit ist sie bedeutend attraktiver, denn dann muss er um sie werben, und nicht sie um seine Zuwendung betteln.

2) Könnte darüber hinaus ein Sinn in der Welt sein, der auf sie wartet? Was sind ihre großen Stärken? Der Umgang mit Kindern, Behinderten, Familienangehörigen. Aber sie ist in Rente und Witwe. Sobald wir allerdings den Begriff „Familie" ausdehnen, taucht eine Reihe von Menschen in ihren Gedanken auf; drei darunter, die akute Hilfe brauchen. Die Enkelin ihrer Schwester ist Architektin und hat ein kleines Töchterchen mit wechselnden Kinderfrauen. Die zeitweise verwirrte Mutter des verstorbenen Mannes der Patientin wohnt allein in einem Haus, mit Müh' und Not ambulant versorgt. Und eine junge Familie in der Nachbarschaft hat einen Jungen mit dem Down-Syndrom, der ständig ausgeführt werden will. Wie viele Möglichkeiten gibt es da, sich hilfreich einzubringen! Freiwillig, nicht

auf der Basis eines Ausgenützt-Werdens, als Beschäftigungstherapie, Lückenfüller oder Ablenkungsmanöver, nein, auf der Sinnbasis!

Meine Patientin bietet ihre Dienste an und ist überrascht, wie dankbar diese angenommen werden. Es pendelt sich ein – scheinbar nicht ganz „unstressiger" – Rhythmus ein. Inzwischen ist sie zwei Tage wöchentlich bei der Enkelin ihrer älteren Schwester zum Babysitten. Zwei Nachmittage geht sie mit dem behinderten Jungen aus der Nachbarschaft spazieren oder spielt mit ihm, je nach Wetterlage. Und die alte Mutter des verstorbenen Mannes wird auch einmal pro Woche von ihr besucht. Am Wochenende trifft sie sich mit dem verheirateten Mann, jedoch zunehmend seltener. Denn nicht nur er lässt sie ab und zu im Stich, auch sie hat jetzt öfters Eigenes vor – neuerdings eine Studienreise nach London und Glasgow, und zwar ganz selbständig.

Seit die Patientin ein so volles und sinnreiches Wochenprogramm absolviert, ist sie überhaupt nicht mehr krank. Was bestätigt, was Viktor E. Frankl im Gleichnis vom baufälligen Haus ausgedrückt hat, das gestützt und gefestigt wird, indem man es belastet. Auch ein Mensch, der im Bewusstsein seiner Freiheit das Sinnvolle wählt, fällt nicht so leicht um. Er steht auf festem Grund, er steht vieles durch. Die Vorbedingung für jene noopsychosomatische Stabilität aber ist, dass der Blick jeweils in die richtige Richtung gelenkt wird: auf sich und Andere(s) in der Balance.

Selbsthilfe bei seelischen Störungen

Eine Unterstützung und Förderung jeder konkreten Selbsthilfe bei seelischen Problemen ist aus mehrfachen Gründen wünschenswert. Teure Langzeitbehandlungen durch Fachpersonal werden immer weniger finanzierbar. Dazu kommen Argumente aus psychologischer Perspektive. Zwar gibt es seelische Störungsformen, die unbedingt professioneller Heilungsmaßnahmen bedürfen, doch ist der Übergang zu den alltäglichen Problemen, mit denen jedermann zu kämpfen hat, fließend. Wenn sich solche „alltäglichen" Probleme zusammenballen, ist der Schritt nicht weit zu der Vorstellung, man selbst sei ein hilfloses Bündel Elend, und ein Anderer oder Andere müssten einen wieder „funktionsfähig" machen, was nicht gesundheitszuträglich ist. Diese Vorstellung verleitet zu Passivität und Selbstmitleid. Wobei sie auf einer ähnlichen Linie liegt, wie die ebenfalls wenig gesundheitszuträgliche Idee, ein Anderer oder Andere hätten einen krank gemacht, seien also schuld am eigenen Unglück.

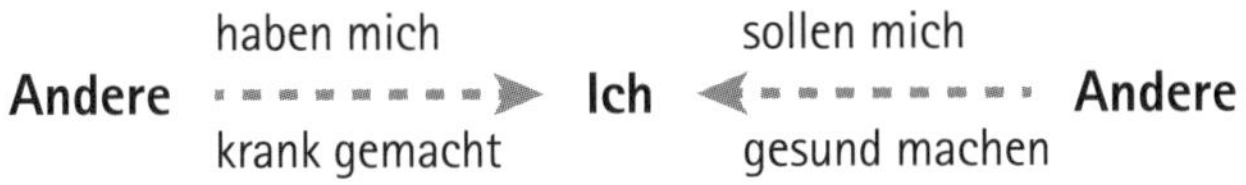

Aus der Sicht: „Andere haben mich krank gemacht – Andere sollen mich gesund machen" wird das Ich des Menschen als ein „bearbeitetes" oder „zu bearbeitendes" Material erlebt, und nicht mehr als selbstverantwortliche Instanz.

Ein einfaches Beispiel dazu: Angenommen, jemand hat eine schlechte Muskelkondition. Er behauptet, sein sitzender Beruf sei schuld daran („Andere haben mich krank gemacht"), und will, dass sein Masseur seine Muskeln wieder fit bekommt („Andere sollen mich gesundmachen"). Die Bereitschaft, als Ausgleich zum sitzenden Beruf regelmäßig eine Stunde Waldlauf zu tätigen und wenigstens einmal wöchentlich schwimmen zu gehen, hat er nicht. Die hätte er nur, wenn er sich sagen würde: „Ich bin selbst verantwortlich für die bestmögliche Erhaltung meiner Gesundheit."

Zu den genannten Gründen tritt ein weiterer Grund hinzu, der für jedwede Hilfe zur Selbsthilfe spricht. Die Bereitschaft, sich selbst zu helfen, setzt ein Reflektieren der eigenen Situation voraus, und dies wiederum bedeutet, dass man sich von sich selbst distanzieren und seine inneren Zustände objektivieren muss, wie Viktor E. Frankl gezeigt hat. Damit ist schon etwas Wichtiges geschehen, nämlich etwas Gesundheitszuträgliches. Man fühlt sich nicht mehr identisch mit seiner Krankheit! Und tatsächlich ist der Mensch viel mehr als seine Krankheit.

Sagt jemand beispielsweise: „Ich möchte die Neigung, schnell zornig und aufbrausend zu reagieren, bei mir abbauen", beweist allein dieser Ausspruch, dass der Betreffende über sein bloßes Zornig- und Aufbrausend-Sein bereits ein Stück hinausgewachsen ist. Er wird nicht mehr allein von seinen Impulsen getrieben wie von einer Strömung im Meer, sondern sitzt irgendwie gleichzeitig am Ufer, schaut sich die Strömung an und stellt fest, dass ihm ihre Richtung missfällt. Dies ist der erste Schritt zum Nachdenken darüber, wie sich gegen die Strömung oder aus der Strömung heraus schwimmen lässt. Fragen wir: Wer sitzt da am Ufer, *wer* hilft bei der Selbsthilfe *wem*? Die Antwort kennen wir längst. Die geistige Person, die ein Mensch *ist*, betrachtet die psychophysischen Gesundheits- oder Krankheitszustände, die der Mensch *hat*, und nimmt Stellung dazu. Nur Geistiges ist beweglich genug, sich von der Strömung des Getriebenseins abzuheben und entscheidend einzugreifen. Wer sich selbst hilft, setzt sich geistig mit den eigenen krankhaften und fehllaufenden Impulsen und Prozessen auseinander, er nimmt Stellung zu einer körperlichen oder seelischen Schwäche, die er bei sich vorfindet, mit der er sich aber nicht abfinden muss, zumindest nicht ohne Änderungs- und Heilungsversuch.

Nehmen wir das typische Beispiel einer Frau, die jedes Mal, wenn sie sich verlassen fühlt, zu viel isst. Wie findet sie aus ihrem Fehlverhalten heraus? Die einzelnen Schritte wären:

Schritt 1: Sie müsste die Triebhandlung/Gewohnheit „Verlassenheitsgefühl – viel Essen" aus geistiger Distanz heraus beobachten bzw. registrieren.

Schritt 2: Sie müsste die Triebhandlung/Gewohnheit als sinnwidrig erkennen und bewerten.

Schritt 3: Sie müsste beschließen, ernsthaft etwas dagegen zu unternehmen.

Schritt 4: Sie müsste darangehen, neue und sinnvollere Reaktionsweisen auf Frustrationen einzuüben.

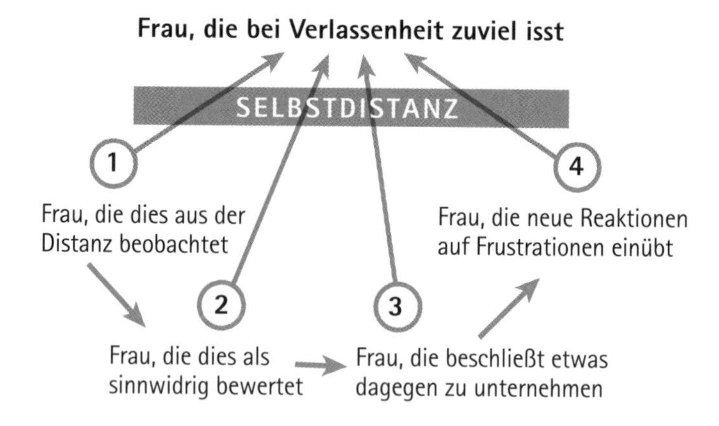

Ohne die geistige Fähigkeit des Menschen zur Selbstdistanzierung wäre das alles nicht möglich. Kein Tier ist in der Lage, sich selbst zu beobachten, sein Verhalten zu bewerten, einen Beschluss zu fassen und neues Verhalten aufzubauen.

Dieser Wandlungsprozess würde aber auch abgestoppt, wenn die Frau nach Schritt 2 geistig abschweifen würde zu demjenigen hin, der sie verlassen hat, mit dem Vorwurf, er würde ihre Esssucht produzieren. Sie glaubt sich dann von demjenigen in ihre Esssucht hinein getrieben, verzweifelt noch mehr und isst noch mehr. Ebenso würde der Wandlungsprozess unterbrochen werden, wenn die Frau nach Schritt 3 geistig abschweifen würde zu Jemandem hin, der ihr sinnloses Überessen von außen bremsen soll. Dann glaubt sie nämlich, die Verantwortung an diesen Jemand abgeben zu können und müht sich nicht mehr um Schritt 4.

Wir sehen, Selbsthilfe bedeutet, an sich selbst dranzubleiben und mit sich selbst zu arbeiten.

Der Mensch braucht sich allerdings zum Glück nicht nur mit sich selbst zu beschäftigen. Zur Fähigkeit zur Selbstdistanzierung tritt seine Fähigkeit zur Selbsttranszendenz. Er kann sich in „Selbstzurückstellung“ auf seine Mit- und Umwelt hin orientieren, wie wiederum Viktor E. Frankl gezeigt hat. Analog tritt zur Möglichkeit, sich selbst zu helfen, die Möglichkeit, Anderen zu helfen. Sie hat jeder, nicht nur der Fachmann; die Laienhilfe (also die gegenseitige Hilfe von Laien) ist sogar ein unverzichtbares Potential der Volksgesundheit.

Wobei es mit der Laienhilfe eine besondere Bewandtnis hat, wie uns etwa die Selbsthilfegruppen lehren. Wer Anderen hilft, und zwar mit Verstand und lauterem Herzen, dem ist dabei indirekt selbst ein Stück geholfen. Er ist nicht mehr gefangen im Wust eigener Sorgen, sondern hat sich daraus befreit, um innerlich bei seinem Nächsten und dessen Sorgen zu sein, was ihn davor schützt, von eigenen Problemen übermannt und überrollt zu werden.

Während somit die Selbsthilfe bedeutet, an sich selbst dranzubleiben und mit sich selbst zu arbeiten, bedeutet die Laienhilfe, aus seinem Schneckenhaus herauszukriechen, über fremde Schwellen zu treten und fremde Lasten mit auf die eigene Schulter zu laden, was eigene Lasten abfallen lässt.

Nehmen wir als Beispiel einen Mann mit einem geringen Selbstvertrauen. Er begegnet einem Anderen, den irgendein schweres Problem niederdrückt. Indem der Mann (trotz seines schwachen Selbstvertrauens) jenem Anderen teilnahmsvoll zuhört, ihn tröstet und ermutigt und schließlich merkt, dass es dem Anderen allmählich leichter wird, wächst sein eigenes Selbstvertrauen, ohne dass er es überhaupt im Blickfeld gehabt hätte. Der Mensch, der sich selbst überschreitet, gewinnt an seelischer Stabilität.

Aus den genannten Gründen wäre es ein großer Fehler, die Selbsthilfe und die Laienhilfe geringzuschätzen. Beide sollten als ergänzende und alternative Maßnahmen in der Psychotherapie gewürdigt werden. Insbesondere die folgenden drei Aspekte können in der Selbst- und Laienhilfe gut eingesetzt werden, da ihre praktische Anwendung unmittelbar Linderung zu verschaffen vermag, einer „ersten Hilfe" gleich, auch wenn die restlose Ausheilung der jeweiligen Störung mehr Aufwand und längere Zeit benötigen mag.

1) Der Umgang mit irrationalen Gefühlen

Was ist mit dem Ausdruck „irrational" gemeint? Gemeint ist: der Realität nicht angemessen. Gemeint ist nicht, dass ein irrationales Gefühl etwas völlig Unmögliches zum Gegenstand hätte. Denken wir an krankhafte Eifersucht. Es ist nicht unmöglich, dass ein Partner fremdgeht. Aber es ist auch nicht angemessen, einem Partner, der eine halbe Stunde später als erwartet heimkommt, eine Szene zu machen, ihn mit der Fragerei zu quälen, ob er vielleicht bei einem heimlichen Rendezvous gewesen sei, und ähnliches mehr. Irrationale Gefühle sind *übertriebene* Gefühle, meist übertriebene Angst- oder Schuldgefühle. Sie können sehr klar von einem realistischen Gefahrenbewusstsein bzw. Schuldbewusstsein abgegrenzt werden.

Einige Beispiele dazu. Die Angst, über eine normale, gesicherte Brücke zu gehen, weil man dabei ins Wasser fallen könnte, ist ein irrationales Angstgefühl. Aber die Angst, als unerfahrener Wanderer einen schwierigen Klettersteig im Gebirge zu begehen, ist ein realistisches Gefahrenbewusstsein. Die Vorstellung, ein Kollege könnte erkranken, bloß weil man ihn unfreundlich angeschaut hat, ist ein irrationales Schuldgefühl. Das Wissen hingegen, dass man einen Kollegen mit einem barschen Wort gekränkt hat, ist ein realistisches Schuldbewusstsein.

Das Pathogene an irrationalen Gefühlen ist nun nicht nur ihre Unangemessenheit und Übertriebenheit, sondern auch die Tatsache, dass sie ihren Anlass überdauern. Die irrationale Eifersucht, die irrationale Angst, eine Brücke zu betreten, die irrationale Angst, jemandem durch Unfreundlichkeit eine Krankheit aufgehalst zu haben, usw., bestehen auch ohne Rückbestätigung in der Realität weiter, sie verselbständigen sich und besetzen die Gedanken des Betreffenden derart, dass er bald an nichts anderes mehr denkt.

In so einem Fall kann sich der Betreffende dagegen wehren, indem er ein paradoxes Verhalten an den Tag legt. Er soll die Brücke mutig betreten und sich dabei innerlich vorsagen, wie schön es doch wäre, ein kühles Bad im darunter fließenden Wasser zu nehmen. „Angst vor dem Hineinfallen?" fragt er sich. „Na und, genau das wünsche ich mir. Hoffentlich rutsche ich aus und falle über das Geländer; das wäre eine herrliche Gelegenheit, mich etwas zu erfrischen!" Unter dem Schirm einer solchen Paradoxie (*Paradoxe Intention* in der Fachsprache) macht er sich von seinen irrationalen Gefühlen unangreifbar. Sie können ihm quasi nichts mehr anhaben und verschwinden mit der Zeit.

Auch bei irrationalen Schuldgefühlen ist die paradoxe Haltung erlaubt und angebracht, selbst wenn sie reichlich „unmoralisch" klingt. Doch darf man nicht vergessen, dass es sich im Grunde um ein humorvolles Nicht-ernst-Nehmen von etwas handelt, das nicht ernst genommen werden darf, weil es ansonsten die seelische Gesundheit eines Menschen untergräbt. Es ist also durchaus erlaubt, sich bei irrationalen Schuldgefühlen etwa vorzunehmen, die Belegschaft des gesamten Betriebs, in dem man arbeitet, so unfreundlich wie möglich anzuschauen, damit alle krank feiern können und auf diese Weise zu einem kleinen Zwischenurlaub gelangen …

Ich möchte nochmals in Erinnerung rufen, wozu die Selbstdistanzierung den Menschen befähigt: Er kann sich von seiner irrationalen Angst distanzieren und sie objektivieren. Das heißt, man kann lernen, in ihr einen Erpresser zu sehen, der mit etwas Schrecklichem droht, und von dem man sich bislang jedes Mal bluffen lässt. Der Erpresser droht, der Partner könnte fremdgehen, und man heult und tobt. Der Erpresser droht, man könnte ins Wasser fallen, und man meidet alle Brücken. Es ist wie bei einer echten Erpressung im Leben. Der Erpresser droht, kompromittierende Fotos, die er von einem Opfer gemacht hat, an eine Zeitung weiterzugeben, und sein Opfer zahlt. Immer wieder, genauso, wie der Angstkranke immer wieder seinen Tribut an seine irrationalen Angstgefühle zahlt. Da hilft nur die Paradoxie: Dem Erpresser voll ins Gesicht zu lachen und ihn innig zu bitten, das Foto, das er gemacht hat, zu veröffentlichen. Ja, ihm vielleicht noch andere Zeitschriften zu benennen, an die er das Foto auch schicken soll. „Ein Leben lang habe ich mir gewünscht, mein Foto in der Zeitung zu sehen", könnte die paradoxe Devise lauten. Ein Opfer, das so mit seinem Erpresser spricht, verjagt ihn für alle Zeiten, denn bei diesem Opfer ist nichts zu holen, es *ist unangreifbar.*

Die Frage, ob irrationale Ängste nicht tiefere Ursachen haben, die aufgedeckt und behandelt werden müssten, soll hier ausgeklammert bleiben, weil dies ein uferloses Thema wäre. Natürlich gibt es lebensgeschichtliche Hintergründe, die Ängste fördern und auslösen, doch ist der Mensch kraft seines geistigen Potentials in der Lage, Haltungen zu wählen, die er ihm ermöglichen, seine Lebensgeschichte letztendlich zu akzeptieren. In der Logotherapie wird nicht allzu viel davon gehalten, in alten Wunden herumzustochern – diese sollen in Ruhe vernarben.

Hier eine Geschichte, wie – bei durchaus tragischem lebensgeschichtlichem Hintergrund – Selbsthilfe und Krisenintervention eingeleitet werden konnten durch einen einzigen Brief.*

* Die Veröffentlichung des Briefwechsels wurde von der ratsuchenden Frau genehmigt.

Zuschrift:

Sehr geehrte Frau Dr. Lukas, ich habe folgendes Problem: Mein Vater hatte als Chorleiter eines gemischten Chores unseres Ortes ein zwanzig Jahre währendes Verhältnis mit einer Sängerin. Unsere Familie, besonders meine Mutter, hat darunter sehr gelitten. Bis zu meiner Heirat sangen mein Mann und ich dort auch. Unser anschließender Wegzug in den Nachbarort und die kleinen Kinder galten für mich als willkommener Grund, dort nicht mehr hin zu müssen.

Seit drei Jahren nun ist mein Mann, auf Zureden seines Bruders, wieder in diesem Chor. Ihm macht Singen Spaß. Seinen anfänglichen Bitten, ich möge doch mitkommen, bin ich stets ausgewichen. Ein unerklärliches Angstgefühl verließ mich nicht. Ich äußerte es, und mein Mann erklärte es sich und mir als Wechseljahr-Spinnerei (ich bin 54). Im Laufe der Zeit ist diese Angst so gewachsen, dass ich auf sein Zur-Probe-Gehen mit Leibschmerzen und Atemnot reagiere, obwohl ich nicht den geringsten Verdacht haben kann, dass er wegen einer Sängerin dorthin geht. Aber eine grenzenlose Traurigkeit sagt mir, dass das früher oder später so sein wird. Eine Wut, die ich in letzter Zeit empfinde, lässt mich fürchten, dass auch unsere sonst gute Ehe darunter leidet ... Ich habe mich durch Ihre Bücher gelesen, aber den erlösenden Zauberspruch noch nicht gefunden. Mir fehlt wohl im Moment der nötige Humor dazu. Wie würde in meinem Fall die „Paradoxe Intention“ lauten? Bitte helfen Sie mir ...

Meine Antwort:

Liebe Frau X, Sie haben ganz richtig erkannt, dass Sie sich mit Hilfe der Methode der „Paradoxen Intention" aus einer „Hyperreflexion", das heißt, aus der Überbewertung und Überbeachtung einer an sich unbelasteten Situation herausstrampeln könnten, in die Sie sich in letzter Zeit eingesponnen haben. Diese Erkenntnis ist viel wert, denn sie besagt im Grunde, dass Ihnen selber klar ist, wie wenig ernsthafte Bedrohung vorhanden ist, auch wenn Ihnen subjektiv alles sehr bedrohlich vorkommt.

Bevor Sie allerdings die „Paradoxe Intention" einsetzen, empfehle ich Ihnen zwei Korrekturen Ihrer inneren Einstellung zum Sachverhalt. Erstens empfehle ich Ihnen, Ihrem Vater dasjenige, was er in seinem Leben falsch gemacht haben mag, schlichtweg zu verzeihen. Er muss dafür vor seinem Gewissen oder seinem Herrgott einstehen, aber Sie sind seine Richterin nicht. Verzeihen Sie ihm, und schließen Sie das Kapitel „Kindheit" damit ab. Zweitens empfehle ich Ihnen, nicht von Ihrem Vater auf Ihren Mann zu schließen. Ihr Mann ist ein eigener Mensch mit eigenen Stärken und Schwächen, und Sie würden ihm sehr unrecht tun, würden Sie ständig Ihren Vater in ihm sehen. Jeder Mensch ist einzigartig und unvergleichbar mit einem Anderen.

Wenn Sie diese beiden inneren Korrekturen vorgenommen haben, dann gestatten Sie doch Ihrem Mann, sich von Herzen am Singen und am Chor zu erfreuen. Das Singen ist ein wunderschönes Hobby, das durch Ihre Eifersüchteleien nicht überschattet werden sollte. Und Ihre Partnerschaft wird umso besser gelingen, je weniger Sie Ihren Mann einzuengen und an sich zu fesseln versuchen. Den Rest an Eifersucht und Angst, der Sie quälen mag, wenn Ihr Mann zur Probe gegangen ist, bekämpfen Sie dann mit paradoxen Formeln, indem Sie ihm „möglichst viele junge attraktive Sängerinnen wünschen, die sich alle an seinen Hals hängen und ihn stückchenweise verschlingen“. Sie werden sehen, dass er noch jedes Mal wieder heil nach Hause kommt.

Über allem aber bedenken Sie eines: Angst, Trauer, Wut lösen sich auf in echter Liebe. Denn die Liebe meint nicht sich selber, sondern den Anderen. Mit vielen guten Wünschen und Grüßen ...

Rückmeldung:

Sehr geehrte Frau Dr. Lukas, danke für Ihre schnelle und erlösende Antwort. Sie ist so genial wie einfach; seltsam, dass ich nicht selber darauf gekommen bin. Es geht mir schon um vieles besser, und ich will in dieser Richtung weiterdenken. Nochmals vielen herzlichen Dank und Segenswünsche für Ihre Arbeit!

2) Die Sprengung von Abhängigkeitsthesen

Bei der oben abgedruckten Zuschrift fällt neben der Irrationalität der Angstgefühle die merkwürdige Idee einer schicksalhaften Abhängigkeit auf, die etwa besagt: „So ist es meiner Mutter ergangen, und so wird es auch mir ergehen“. In der Fachterminologie spricht man von Situationsübertragungen, Gefühlsübertragungen etc. Sie sind eine Huldigung an ein Kausalitätsprinzip, das in dieser ausgeprägten Form im menschlichen

Bereich illusionär ist. Wenn sich jemand in den Finger schneidet, blutet er. Zwischen dem Schnitt und dem Bluten besteht ein kausaler Zusammenhang. Wenn jemand eine Demütigung erfährt, ist er traurig. Auch hier besteht zwischen der Demütigung und dem Traurigsein ein kausaler Zusammenhang. Somatisch wie psychisch sind wir von den jeweiligen Gegebenheiten abhängig. Aber wenn eine Frau sagt: „Weil meine Mutter betrogen worden ist, misstraue ich meinem Mann", oder wenn ein Mann sagt: „Weil meine Frau mich nicht mehr liebt, trinke ich", sind das vorgeschobene Kausalitäten für Entscheidungen, die in geistiger Freiheit getroffen werden und genauso gut anders getroffen werden können.

Geistig ist der Mensch seinen Gegebenheiten nie ganz untertan; fast immer noch vermag er sein Schicksal unterschiedlich zu gestalten. Zumindest ist er *unabhängig in seinen Reaktionen auf somatisch, psychisch oder sozial abhängige Ereignisse.* Er ist frei, zu entscheiden, was er mit dem blutenden Finger macht, in den er sich geschnitten hat. Er ist frei, zu entscheiden, was er mit oder trotz der Traurigkeit macht, die der erlittenen Demütigung gefolgt ist. Er ist auch frei, zu entscheiden, was er mit und aus seiner betrüblichen Kindheit oder seinem Partnerverlust macht. Deshalb ist die Frage nach den Ursachen seelischer Verstimmungen und falscher Lebensführung die zentrale Frage nicht, denn die letzte Entscheidung darüber, wie das Leben verläuft, wird nicht von solchen Ursachen gefällt, sondern angesichts solcher Ursachen vom Menschen selbst gefällt.

Leider gibt es neben den vielen verunsicherten Menschen, die sich von ihren eigenen irrationalen Gefühlen erpressen lassen, auch scharenweise Menschen, die sich für abhängig halten und daher jegliches „Mitspracherecht“ aufgegeben haben. Es wurde lange in Deutschland diskutiert, ob den Ausländern ein Wahlrecht eingeräumt werden solle oder nicht, aber unser eigenes Wahlrecht, das urmenschliehe Wahlrecht, das sozusagen im Paradiese begann, nämlich das eigene Schicksal kreativ mitzuformen, legen wir leichtfertig aus der Hand. Niemand muss wirklich Alkohol trinken, muss sich aufputschen, muss trödeln, muss sich anderen Personen unterwerfen ..., auch dann nicht, wenn es sein Horoskop ankündigt, wenn er als Kind zu wenig gelobt worden ist, oder wenn sein Biorhythmus gerade ein Tief anzeigt. Das einzige, was ihn tatsächlich dazu nötigen kann, ist die Illusion, es zu müssen, der Glaube an die eigene Unfreiheit.

Der Glaube kann bekanntlich Berge versetzen, und der Glaube an die eigene Unfreiheit und Unfähigkeit versetzt sie auch, nämlich vor die eigene Haustüre, die sich dann nicht mehr öffnen lässt und einen in den vier Wänden der Abhängigkeit einschließt. Dagegen hilft nur eines: Die geistigen Kräfte bündeln, die in jedem Menschen ausnahmslos vorhanden sind, und sich die Entscheidungsmacht zurückholen, indem man allen Verführungen in und um sich tapfer trotzt. Wie der *Humor* irrationale Ängste verscheucht, so sprengt der *Trotz*, und zwar der gesunde, heroische Trotz, Fesseln selbstbereiteter Gefangenschaft.

Allerdings hat die Zurückeroberung der Freiheit ihren Preis: nämlich den Verzicht. Ohne Verzichte geht es nicht. Wer erkennt, dass in Wahrheit gar keine Berge vor seiner Haustüre stehen, und wer den Mut aufbringt, die eigene Haustüre aufzustoßen, der muss auch bereit sein, sein bequemes Nest zu verlassen und in die Welt hinauszuziehen. Vermeintliche

Abhängigkeit hat häufig etwas mit Bequemlichkeit zu tun, und die Sprengung der Abhängigkeit ist immer ein Aufbruch in neue Abenteuer gelebten Lebens. Dabei müssen alte Gewohnheiten, kurzfristige Genüsse und manch künstliche Fluchtwege über Alkohol, Drogen oder Medikamente aufgegeben und geopfert werden. Diese Opfer sind der Preis für einen inneren Triumph über sich selbst. Viktor E. Frankl schrieb dazu in einem Text zur Raucherentwöhnung:*

Schließlich möchten wir […] darauf hinweisen, dass das Ansinnen, Dinge wie übermäßiges Rauchen mit den Mitteln der großen Hypnose anzugehen, unseres Erachtens im Allgemeinen von vornherein und grundsätzlich abzulehnen ist: Wir wünschen es gar nicht, dass der Kranke sich so um das Erlebnis des Triumphes seines eigenen Willens betrüge – ist es doch gerade der Triumph des Willens, den er sich erkaufen soll mit seinen ganzen Opfern an Genuss.

Zu diesem Triumph des Willens kann jeder aufgerufen werden, wenn er sich noch so sehr in Abhängigkeiten verstrickt hat, denn es ist das „Humanissimum" schlechthin, dass der menschliche Wille in seiner Ursprünglichkeit frei ist.

Auch dazu soll an Hand eines Briefwechsels demonstriert werden, wie Hilfe zur Selbsthilfe geleistet werden kann.**

---

* Viktor E. Frankl, Die Psychotherapie in der Praxis, Gesammelte Werke Band 3, Verlag Böhlau, Wien, Köln, Weimar 2008, S. 226.

** Die Veröffentlichung des Briefwechsels wurde von dem ratsuchenden Mann genehmigt.

Brief eines jungen Mannes an seine Eltern:

Hallo Mama, hallo Papa, der Anwalt hat Euch ja schon angerufen und gesagt, wo ich bin. Erneut verhaftet. Meine Bewährung wurde widerrufen, weil ich die Therapie abgebrochen habe. Also bin ich mal wieder total gescheitert. Dabei sah alles so gut aus, mit der Lehre und so. Und dann?

Ach, ich möchte nicht darüber schreiben. Ich bin so blöd. Diese Stadt hat mich geschafft. Hie und da habe ich gejobbt, aber das Geld war schnell weg. Ich wollte so stark sein, frei und großartig. Nichts, rein gar nichts habe ich auf die Reihe gebracht. Nicht mal das konnte ich mir eingestehen. Stattdessen habe ich mir ständig was vorgemacht. Ich konnte nicht mehr heimkommen. Es ging einfach nicht, nicht mal anrufen. Und warum geht es jetzt? Tja, jetzt ist die Maske runter. Jetzt sitzt das Häufchen Elend wieder in der Scheiße. Außerdem weiß ich, dass Du, Mama, jeden Tag an den Briefkasten gehst und nach einem Brief von mir schaust. Ich weiß, dass Ihr eine Erklärung erwartet. Ich weiß, dass Ihr mich nicht versteht – aber was soll ich erklären, wenn ich mich nicht mal selber verstehe?

Bin ich denn wirklich so unselbständig, dass man mir immer sagen muss, was ich tun soll und was nicht? Und wenn man mir dann was sagt, dann stell‘ ich mich natürlich stur. Das kennt Ihr ja. Ach Scheiße! Ich heule! Ich habe Angst vor mir. Aber was hilft das jetzt? Ich muss gucken, was ich aus mir mache. Ich muss es doch auch mal schaffen, oder?

Ich bitte Euch, haltet mir keine Predigten, verurteilt mich nicht, und macht vor allem Euch keine Vorwürfe! Ihr habt alles getan für mich, wirklich!

Oh je, diesen Brief zu schreiben, ist verdammt schwer für mich. Auch kann ich nicht wissen, wie Ihr jetzt zu mir steht. Und dann brauche ich einige Sachen von Zuhause. Ich warte auf Eure Reaktion. Euer Norbert (fiktiver Name).

Mein Schreiben an den jungen Mann:

Sehr geehrter Herr Norbert, ich bin Ihnen unbekannt, und wahrscheinlich wundern Sie sich, von einer unbekannten Frau einen Brief zu erhalten. Der Zusammenhang ist folgender: Ihre Mutter kam um Rat zu mir und gewährte mir Einsicht in Ihren Brief mit der Bitte, als Psychologin Stellung dazu zu nehmen. Ich bin nicht abgeneigt, dies zu tun, weil Ihr Brief so viele positive und hoffnungsvolle Elemente enthält, die Ihnen vielleicht jemand verdeutlichen sollte. Deswegen hier meine Stellungnahme.

Zunächst darf ich Ihnen aufzeigen, dass Ihre briefliche Aussage zu Ihrer derzeitigen Lebenssituation auf zwei Ebenen zu verstehen ist. Da ist die Ebene des „gescheiterten Norbert", wenn ich so sagen darf. Wer ist dieser Norbert? Er hat seine Therapie abgebrochen, er hat sich daheim lange nicht gemeldet. Er pflegt eine Maske zu tragen und macht sich gerne etwas vor. Er ist schwer zu verstehen und irgendwie unselbständig und unreif. Man muss Angst vor ihm und Angst um ihn haben. Das alles steht in Ihren Zeilen geschrieben.

Aber da ist auch noch eine andere Ebene, nämlich die des „eigentlichen Norbert". Das Echte, der wahre Kern dieses Menschen. Was wissen wir von ihm? Er ärgert sich gewaltig über den anderen Norbert; er ist mit dem ewigen Scheitern nicht einverstanden. Er liebt die Ehrlichkeit, reißt die Maske herunter! Er ist mutig und gesteht Fehler ein. Er denkt an die Eltern, die täglich im Briefkasten nachsehen, und nimmt Kontakt mit ihnen auf. Er will selbständig sein und selbstverantwortlich handeln, ja, er will etwas aus sich machen. Und er *kann* etwas aus sich machen, denn auch Schweres gelingt ihm, z. B. sich zu überwinden und den Brief zu schreiben, der „verdammt schwer fällt".

Ja also, da sitzen die zwei in einer Person und ringen miteinander. Wer wird die Oberhand gewinnen? Wird der „eigentliche Norbert" vor dem „gescheiterten" kapitulieren oder wird er über den „gescheiterten Norbert" hinauswachsen und zu dem Menschen werden, als der er gedacht war, als er in die Welt kam? Zu einem Menschen, der diese Welt vielleicht gar ein ganz klein wenig heller macht, als sie ist?

Alles ist noch möglich, nichts ist endgültig entschieden. Und niemand entscheidet es für Sie. Nur Sie allein entscheiden, welcher Norbert gewinnt. Aber Sie sollen wissen, dass ich dem „eigentlichen Norbert", der Sie sind, beide Daumen drücke und von Herzen Kraft wünsche ...

Antwort des jungen Mannes nach 2 Monaten:

Hiermit möchte ich Ihren Brief beantworten, auch wenn meine Antwort ziemlich spät kommt. Tatsächlich hat mich Ihr Brief sehr verwundert und betroffen gemacht. Und zwar deshalb, weil Sie damit genau den Nagel auf den Kopf getroffen haben. Dass meine Mutter Ihnen meinen Brief gezeigt hat, hat mich anfangs geärgert, aber im Nachhinein billige ich es.

Ich möchte Ihnen für Ihre Mühe herzlich danken. Auch möchte ich Ihnen mitteilen, dass mir Ihr Brief schon oft geholfen hat, wenn ich mich gehen lassen wollte. Ich staune über Ihr Engagement mir gegen über, was mich ehrt und stärkt, mich, den „eigentlichen Norbert". Deshalb freue ich mich auch, Ihnen schreiben zu können, dass ich mich wieder zu einer stationären Therapie entschlossen habe und zu diesem Zweck mit der hiesigen Drogenberatung zusammenarbeite. Ich bin fest entschlossen, den Kampf gegen mich zu gewinnen. Ich bin mir auch bewusst, was da noch alles auf mich zukommt. Drücken Sie mir weiterhin die Daumen, in dankbarer Hochachtung, Ihr Norbert.

3) Die Wiedergewinnung des Wohlbefindens

In meinem Schreiben an den jungen Mann habe ich neben dem Aufruf zu einem gesunden Trotz auch anklingen lassen, dass eine sinnvolle Aufgabe in der Welt auf ihn warten könnte, und dies aus gutem Grund. Denn, wie bereits dargelegt, will der Mensch über sich hinausschauen und hinauswirken, und besitzt auch die entsprechende Fähigkeit dazu: die Fähigkeit zur Selbsttranszendenz. Mehr noch, in dem Maße, in dem er sich selbstvergessen und engagiert an eine Aufgabe hingibt, fühlt er sich auch ganz wohl, ähnlich wie ein Kind, das, selbstvergessen ins Spiel versunken, am allerglücklichsten ist. Umgekehrt lässt sich beobachten, dass das Wohlbefinden eines Menschen erheblich nachlässt, wenn er sich unnütz und überflüssig vorkommt und keiner Lebensaufgabe verpflichtet fühlt.

Verschärfend tritt ein Aspekt hinzu, der ebenfalls das Wohlbefinden dämpft und bei seelischen Krankheiten sogar Suizidneigungen Vorschub leisten kann, und das ist die Undankbarkeit. Oder exakter ausgedrückt: Das Nicht-Schätzen von

Lebensumständen, die viel schlechter sein könnten, als sie es sind. Wir haben in unserer High-Tech-Gesellschaft eine atemberaubende Anspruchshaltung entwickelt, die nirgends anders hinführen kann als in den Dauerfrust, weil es ununterbrochen Ansprüche gibt, die nicht erfüllbar sind. Das beginnt damit, dass die Kinder das vielfältige Schulangebot und die lange Freistellung von der Arbeit keineswegs schätzen, sondern den Anspruch erheben, die guten Noten müssten ihnen ohne mühsames Lernen zufliegen. Das geht damit weiter, dass die heranwachsenden Jugendlichen die Chancen der Moderne in Form von Sport und Hobbys, Reisen und Weiterbildung, Berufsförderung und Kommunikation nicht schätzen, sondern gelangweilt konsumieren und den Anspruch erheben, selber vom Stress einer Leistungserbringung tunlichst verschont zu bleiben. Das geht damit weiter, dass die Erwachsenen die soziale und wirtschaftliche Sicherheit, die sie genießen, die gegenwärtige Friedensperiode in der Heimat, die freie Meinungsäußerung usw. nicht schätzen, sondern sich ihren Unfrieden gegenseitig selber schaffen und den Anspruch erheben, sich ungehindert selbstverwirklichen zu können. Und das endet damit, dass sich die ältere Generation nicht über die verlängerte Lebenszeit inklusive des ausgebauten medizinischen Services von heute freut, sondern sich über die veränderten Sitten einer gewandelten und ihr nicht mehr verständlichen Welt beklagt. Freilich sind dies alles Pauschalaussagen ohne Gültigkeit für den Einzelfall, aber sie zeigen Trends auf, die krisenträchtig sind, weil sie zwangsläufig vom Wohlbefinden wegführen und Unzufriedenheit auf breiter Basis erzeugen.

Mit alledem will ich nicht sagen, dass es keine Missstände gäbe, die beseitigt gehören. Es gibt rechtmäßige Beschwerden und Veränderungswürdiges, das man nicht kommentarlos hinnehmen darf. Nicht alles kann geduldet werden. Doch der Protest gegen das Missliche in der Welt braucht ein Gegengewicht: die Dankbarkeit und das Bewusstsein, dass im Grunde nichts selbstverständlich ist. Niemand hat ein verbrieftes Recht auf ein langes, gesundes und angenehmes Leben. Nichts davon ist einklagbar, alles ist, wenn, dann Geschenk. Wir können zwar kraft unseres geistigen „Wahlrechts" wählen, wie wir uns zu den Determinanten unseres Lebens einstellen, sie selbst jedoch finden wir schicksalhaft vor. So kommt es darauf an, für das gütige Schicksal zu danken und das schwere Schicksal – sofern es nicht änderbar ist – anzunehmen mit der Gelassenheit und Weisheit dessen, dem vor Augen steht, dass es unweigerlich eine Schicksalsvariante gibt, die noch schlimmer gewesen wäre als die zu durchlebende. Dazu eine kleine, therapeutisch sehr wirksame Geschichte aus dem jüdischen Raum, wobei der Hinweis nicht versäumt werden soll, dass geeignete Texte überaus hilfreich in der Selbst- und Laienhilfe eingesetzt werden können; man spricht dann von *Bibliotherapie.*

Zu einem alten Rabbi kam ein Mann und klagte: „Rabbi, mein Leben ist nicht mehr erträglich. Wir wohnen zu sechst in einem winzigen Raum. Was soll ich nur machen?"

Der Rabbi antwortete: „Nimm deinen Ziegenbock mit ins Zimmer." Der Mann glaubte nicht recht gehört zu haben. „Den Ziegenbock mit ins Zimmer?" „Tu', was ich dir gesagt habe", entgegnete der Rabbi, „und komm nach einer Woche wieder."

Nach einer Woche kam der Mann wieder, total am Ende. „Wir können es nicht mehr aushalten, der Bock stinkt fürchterlich!" Der Rabbi sagte zu ihm: „Geh nach Hause und stell' den Bock wieder in den Stall. Dann komm nach einer Woche wieder. „

Die Woche verging. Als der Mann zurückkam, strahlte er über das ganze Gesicht. „Das Leben ist herrlich, Rabbi. Wir genießen jede Minute. Kein Ziegenbock – nur wir sechs."

Dass die Dankbarkeit eines Menschen sogar in sehr ernsten und tragischen Lebenssituationen geweckt werden kann, beweist der folgende Erfahrungsbericht:

Ein Internist schickte einen älteren Patienten zu mir wegen wiederholt auftretenden psychosomatischen Beschwerden in den Beinen. Jeder geringste Wetterumschwung verursachte dem Patienten heftige Schmerzen, die nicht einmal mit starken Medikamenten in den Griff zu bekommen waren. Gleich bei unserem ersten Gespräch berichtete der Patient von einem entsetzlichen Trauma, das er im Alter von 13 Jahren in den letzten Kriegstagen des Jahres 1945 erlitten hatte. Auf der Flucht nach Westen war seine Mutter vor seinen Augen von Soldaten der nachrückenden feindlichen Front erschlagen worden. Der Vater war bereits zuvor gefallen. Der Junge selbst war in einen Wald gerannt, dort erwischt und in ein Gefangenenlager gebracht worden, wo er allerlei Misshandlungen hatte erdulden müssen, im Zuge derer ihm beide Beine gebrochen worden waren. Sie verheilten nicht mehr in anatomisch korrekter Position, wodurch er ein wenig hinkte.

Nach dem Krieg hatte der Mann einen einfachen Beruf erlernt, geheiratet, zwei Töchter großgezogen und ein unauffälliges Leben geführt. Erst als die beiden Töchter aus dem Haus waren, und seine Frau sich von ihm getrennt hatte, weil die Liebe zwischen den Eheleuten erkaltet war, begannen die ständig wiederkehrenden Schmerzen an den ehemaligen Bruchstellen in seinen Beinen. Sie wucherten hinein in ein „existentielles Vakuum" (Frankl), in eine schleichend zunehmende Sinnentleerung seines Lebens, die umso bedrängender wurde, als er sich seiner Pensionszeit näherte.

Während mir der Patient diese Lebensgeschichte erzählte, weinte er bitterlich. Er fühlte sich vom Schicksal benachteiligt, als Stiefkind des Glücks. „Ich habe in den letzten 40 Jahren nicht mehr gebetet", vertraute er mir an, „doch in jüngster Zeit überlege ich, ob ich nicht den Herrgott bitten soll, mir wenigstens am Lebensabend gnädig zu sein und die Schmerzen zu nehmen." Das war das Stichwort. „Wissen Sie was", schlug ich ihm vor, „Bevor Sie um etwas bitten, beginnen Sie mit dem Danken." „Mit dem Danken?" wiederholte der Patient ganz perplex, was bewies, dass er überhaupt nichts Dankenswertes wahrnahm. „Ja, mit dem Danken", bestätigte ich ihm. „Abends vor dem Einschlafen ist ein idealer Zeitpunkt dafür. Wenn Sie im Bett liegen und auf Ihr Leben zurückblicken, dann sagen Sie zu sich – oder zu IHM: ‚Damals in den letzten Kriegsmonaten des Jahres 1945 hätte ich durch tausend Zufälle sterben können, aber ich bin am Leben geblieben. Dafür danke ich.' Dann schließen Sie die Augen und überlassen sich dem Schlaf. Am nächsten Tag, wenn Sie abends im Bett liegen, schauen Sie erneut zurück und sagen Sie zu sich – oder zu IHM: ‚Ich habe 13 Jahre lang eine Mutter gehabt. Eine Mutter, an die ich mich nur im Guten erinnern kann, und dafür danke ich.' Und wieder überlassen Sie sich dem Schlaf. Am Abend darauf sagen Sie bei Ihrer inneren Zwiesprache etwa folgendes: ‚Ich habe in meiner Jugend eine verrückte, eine wahnsinnige Zeit miterlebt. Und doch konnte diese Zeit nur meine Beine brechen, nicht meine Seele. Ich habe meine Arbeitsfähigkeit bewahrt und ein Leben lang mich und meine Familie ernähren können. Dafür danke ich.'" So und ähnlich setzten wir die Liste seiner „Dankgebete" fort.

Etliche Wochen später telefonierte ich mit dem Patienten. Es ging ihm ausgezeichnet. „Ist das nicht seltsam", sagte er zu mir, „ich bin frei von Schmerzen, und das, obwohl ich mit den Bittgebeten noch gar nicht angefangen habe ..."

Lernen wir daraus, dass Wohlbefinden weniger mit den äußeren Lebensumständen zu tun hat, als man denkt. Es hat viel eher mit der Dankbarkeit zu tun für das große Geschenk „Leben", und für den Sinn, der sich darin erfüllt. Dessen aber können wir gewiss sein, dass das Leben unter keinen Umständen an Sinn verliert, auch nicht unter den schwierigsten und leidvollsten. In jeder Situation ist es möglich, das ihr innewohnende Sinnpotential auszuschöpfen. Der Weg aus einem emotionalen Tief führt daher über die Sprossen einer Leiter, die auf dem Boden grundsätzlicher Dankbarkeit aufruht und in den Himmel sich erfüllender Lebensaufgaben hineinragt.

Zusammenfassung

Man sei nicht mehr „expertengläubig“ als nötig und schreite mutig zur Selbsthilfe und Laienhilfe. Nicht nur der Pfarrer ist ein guter Christ, und nicht nur die Erziehungswissenschaftlerin ist eine gute Mutter. Im Gegenteil, beide können in der Alltagspraxis durchaus versagen, während sich ein Laie mit gesundem Menschenverstand im Alltag bestens bewähren kann. Deshalb hier ein paar Grundregeln zur Selbsthilfe:

1) Man nehme irrationale Gefühle und Befürchtungen nicht ernst, sondern entschärfe sie mit humorvollen Paradoxien.
2) Man gebe vermeintlichen Abhängigkeiten nicht nach, sondern trotze ihnen in der tiefen Überzeugung, dass der Mensch seinem Wesen nach frei ist.
3) Man sei dankbar für die Gaben des Schicksals, denn nichts ist selbstverständlich, und vieles ist „unbemerktes Glück“, das man erst im Verlust erkennt.

Mit Humor, gesundem Trotz und Dankbarkeit kommt man gut durchs Leben, aber auch ein Stück weit aus seelischen Nöten und Krankheiten wieder heraus – und das ganz und gar aus eigener Kraft!

Wahres Arzttum wird niemals zögern, diese Erkenntnis zu vermitteln und die Patienten mit ihren eigenen Kräften in Verbindung zu bringen.

Des Menschen Sehnsucht nach Sinn

Oder: Was unterscheidet uns vom wilden Wolf?

Wenn es dir möglich ist, mit auch nur einem kleinen Funken die Liebe der Welt zu bereichern, dann hast du nicht vergebens gelebt.
(Jack London)

Wir sind in vielfältigen Varianten von der Frage ausgegangen, was den Menschen eigentlich zum Menschen macht, und dabei u. a. zu dem Ergebnis gekommen, dass es nicht die Emotionen sind. Denn Furcht, Wut, Schmerz und Lust sind unschwer auch bei Tieren höheren Entwicklungsgrades beobachtbar. Wir haben ferner festgestellt, dass es auch nicht die Kognitionen sein können. Obwohl die Denkfähigkeit des Menschen weit über die der höchst entwickelten Tiere hinausreicht, lässt sich nicht leugnen, dass Kognitionen auch in der Welt des Tieres vorhanden sind, wie etwa Wahrnehmungs- und Gedächtnisleistungen, Anpassungs- und Lernprozesse bis hin zum Verstehen und Erwidern von Signalen und sonstigen Informationseinheiten.

An diesem Punkt der Überlegungen angelangt gibt es stets zwei Möglichkeiten. Entweder man definiert den Unterschied zwischen Mensch und Tier als einen bloß *graduellen*. Das kommt dem Eingeständnis gleich, dass der Mensch letztlich ein Tier ist, wenn auch ein von der Evolution extrem begünstigtes, das kraft der hochkomplizierten Ausformung seines Neocortex allen anderen Tieren unvergleichlich überlegen ist. Oder man definiert den Unterschied zwischen Mensch und Tier beharrlich als einen *prinzipiellen* und begibt sich auf die Suche nach demjenigen Prinzip, das den Menschen über das tierische Sein hinaus in eine nicht nur quantitativ, sondern qualitativ neuartige Dimension des Seins hineinhebt. In diesem Buch wurde dargelegt, dass Viktor E. Frankl den zweitgenannten Weg beschritten hat und bei der Suche nach jenem Prinzip auf den Raum geistig-personaler Existenz gestoßen ist, der den Tieren verschlossen ist. Seiner Definition nach ist Existenz eine Seinsart, und zwar:*

… das menschliche Sein, das dem Menschen arteigene Sein, dessen Eigenart darin besteht, dass es sich beim Menschen nicht um ein faktisches, sondern um ein fakultatives Sein handelt, nicht um ein Nun-einmal-so-und-nicht-anders-sein-Müssen, als welches der neurotische Mensch sein eigenes So-Sein missversteht, vielmehr um ein Immer-auch-anders-werden-Können.

Existieren heißt aus sich selbst heraus- und sich selbst gegenübertreten, wobei der Mensch aus der Ebene des Leiblich-Seelischen heraustritt und durch den Raum des Geistigen hindurch zu sich selbst kommt. Ex-sistenz geschieht im Geist. Und sich selbst gegenüber tritt der Mensch insofern, als er qua geistige Person sich selbst qua psychophysischem Organismus gegenübertritt.

* Viktor E. Frankl, ‚Logotherapie und Existenzanalyse, Beltz, Weinheim und Basel, [3]2010, S. 61.

Der Mensch als „geistige Person“ bildet demnach das Hauptthema der Franklschen Logotherapie. Was sind die Anliegen der „geistigen Person“, was sind ihre Möglichkeiten, ja, wie groß ist ihr Mitspracherecht bei körperlichen und seelischen Erkrankungen, Krisen und Leidenszuständen? Eine Fülle von Fragen tat sich auf, die von der herkömmlichen Psychologie, die sich vorrangig mit der tierisch-menschlichen Ebene der Emotionen und Kognitionen befasst hat, gar nicht gestellt und folglich auch nicht beantwortet worden sind. In der geistigen, in der personalen Ebene verwandeln sich nämlich die Emotionen und Kognitionen; man könnte sagen, dort erst vermenschlichen sie sich. Aus den reinen Gefühlen, die im Psychischen den affektiven Nachhall auf etwas Äußeres oder Inneres darstellen, auf eine Einwirkung von außen (wie erfahrene Belohnung oder Bestrafung) oder einen Vorgang im Inneren (wie Triebdruck und impulsives Drängen), wird auf geistig-personaler Ebene ein vorwegnehmendes emotionales Schwingen auf etwas hin, ein Suchen und Sehnen nach Sinn, ein liebendes Hinauslangen über sich selbst, ein Erahnen und Erspüren des Ethos, das sich offenbart. Und aus den reinen Denkakten wiederum, die im Psychischen mit angeborener Intelligenz, geschultem Verstand und erlerntem Wissen gepaart ablaufen und den Gesetzen der Logik folgen, wird auf geistig-personaler Ebene ein geradezu alogisches (oder besser „prälogisches“) Erkennen und Begreifen, das in einer Art Weisheit, Intuition und Inspiration wurzelt, also ebenfalls in einer vorwegnehmenden Schau der Dinge und ihrer Zusammenhänge.

Wenn daher von manchen Kritikern behauptet wird, die herkömmliche Psychologie habe sich eine „Diskreditierung des Kopfes zugunsten des Bauches“ zuschulden kommen lassen, was heißen soll, dem Gefühlsbereich, der mit dem Bauch symbolisiert wird, mehr Gewicht zugesprochen als dem Vernunftbereich, der mit dem Kopf symbolisiert wird, so möchte die Logotherapie dem korrigierend hinzufügen, dass weder Bauch noch Kopf das eigentlich Menschliche ausmachen. Die wirklich menschlichen Phänomene finden wir dort, wo es um geistige Phänomene geht, um die bewertende, die stellungnehmende, die entscheidende Instanz im Menschen, die, wenn sie unbedingt mit einem Körperteil versinnbildlicht werden muss, am ehesten dem Herzen entspräche.

Schon allein daraus wird ersichtlich, dass die Logotherapie, obwohl sie den Anspruch erhebt, eine effiziente Psychotherapieform zu sein, nicht primär „auf der Suche nach krankheitsrelevanten Faktoren" ist, wie es die Fassung der Psychotherapie-Richtlinien der deutschen Reichversicherungsordnung vom Jahr 1976 noch als Gegenstand der Behandlung ätiologisch orientierter Psychotherapie gefordert hat. Sie will nicht psychophysische Störungen ins Bewusstsein heben und Methoden der Entstörung zum Einsatz bringen, sondern auf das höchste Gut der Evolution bzw. Schöpfungsgeschichte zurückgreifen, auf jenen menschlichen Geist, den sie für „störbar, aber nicht zerstörbar" hält. *Ihn* will sie aktivieren, und gewinnen als Mitgestalter lebenswerten Lebens und als Mitstreiter um die Gesundung und Heilung krankheitsbefallenen Lebens.

Nie und nimmer noch ist bewiesen worden, dass die Betrachtung des Negativen, die Analyse des Unheils und seines Werdegangs einen hinreichenden Beweggrund abgegeben hätte für die Überwindung des Negativen, für ein Abstoppen des Unheilvollen und seiner Fortsetzung. Im Gegenteil, alle psychotherapeutischen Erfahrungen sprechen dagegen. Kein Suchtmittelmissbrauch reduziert sich, sobald der Anlass, aus dem heraus ursprünglich zum Suchtmittel gegriffen worden ist, aufgedeckt wurde. Keine Ängste und Minderwertigkeitsgefühle verschwinden, wenn ihr Träger weiß oder zu wissen glaubt, woher sie stammen. Keine Depressionen vergehen, wenn ihre Entstehungsverläufe bekannt sind. Um Sucht, Neurose oder Depression zu bekämpfen, bedarf es der vollen Mitarbeit eines Patienten, der Bekundung seines aufrechten Willens zur Gesundung, wie sie in einer Bündelung seiner intakten, heilen Kräfte zum Ausdruck kommt. Aber Mitarbeit und Kräftebündelung sind nur dort zu erreichen, wo ein echter *Grund zum Gesundwerden* vorliegt, und nicht bloß eine Ursache der Krankwerdung; ein Grund zum Gesundwerden, dem auch geistig zugestimmt werden kann – denn ohne seine innere Zustimmung ist kein Mensch zu heilen, mit keiner Methode, die jemals ausgedacht worden ist.

Hier setzt die logotherapeutische Beschreibung dessen ein, dem der Mensch als „geistige Person" zustimmen kann, und zwar aus einer Ursehnsucht heraus, deren Quell ausgerichtet ist auf genau dasjenige, dem in Freiheit und Verantwortlichkeit eben zugestimmt werden kann: *auf den Sinn.* Die Sinngerichtetheit des Menschen, die in seiner geistigen Existenz gründet, ist der Garant dafür, dass jedem sinnvollen Grund zum Gesundwerden, Gesundbleiben und gesunden Wachsen innerlich zugestimmt wird, wenn er nur erst einmal als ein solcher wahrgenommen worden ist, was die Voraussetzung dafür bildet, dass alle Selbstheilkräfte, über die ein Mensch verfügt, bereitgestellt werden bzw. im therapeutischen Prozess angezapft werden können.

Eine kleine Fabel soll erläutern, inwieweit sich die Sinngerichtetheit der „geistigen Person“ des Menschen von der Trieb- und Lustgerichtetheit des psychophysischen Niveaus, das der Mensch mit den Tieren teilt, unterscheidet. Es ist die Fabel vom Heiligen Franziskus und dem Wolf.

Seit einiger Zeit bedroht ein wilder Wolf die Bewohner eines italienischen Dörfchens, ihr Leben und ihre Schafe. Als Franziskus davon hört, wagt er sich in die Höhle des Wolfes und fragt diesen, warum er die Dorfbewohner dermaßen erschrecke. Der Wolf antwortet ihm knurrend, dass er großen Hunger habe und schließlich etwas fressen müsse. Daraufhin bietet sich Franziskus als Vermittler zwischen dem Wolf und den Dorfbewohnern an und bringt ein Abkommen zustande, wonach die Dorfbewohner regelmäßig an einem bestimmten Ort Fleisch für den hungrigen Wolf hinterlegen, wofür sich der Wolf als Gegenleistung verpflichtet, künftig sie und ihre Schafe zu verschonen.

Die Fabel folgt einem kausalen Denkmodell, das wir nicht selten in der Psychotherapie vorfinden. Es besagt, dass, wenn die Ursachen eines Fehlverhaltens aufgedeckt und beseitigt worden sind, wie es in der Fabel mit der Aggressivität des Wolfes geschehen ist, auch das Fehlverhalten selber und seinerseits zurückgeht. Auf subhumaner Ebene ist dies zweifellos die beste und einzige Lösungsmöglichkeit Wir müssen uns jedoch darüber im Klaren sein, dass der Wolf in dem Moment, da er durch irgendein Versehen oder einen Rückgang an Ressourcen kein Fleisch mehr vorfindet, das für ihn hinterlegt worden ist, von Neuem Dorfbewohner und ihre Schafe anfallen wird.

Er ist kein „anderer" Wolf geworden, er hat keine Einsicht in den Sinn eines Verzichts auf Aggressivität gewonnen, er hat nicht innerlich beschlossen, ein „guter", nämlich friedlicher Wolf zu werden, er hat keine Stellung genommen zu seinem Fehlverhalten, indem er mit seiner ganzen Person zustimmt einem Anti-Fehlverhalten *um derentwillen*, die von seinem Verhalten tangiert sind. Natürlich kann der Wolf des Heiligen Franziskus dies alles nicht, aber der Mensch, der mit der Fabel gleichnishaft gemeint ist, kann das; und er muss auch pädagogisch-therapeutisch dazu angeleitet werden, wenn eine „existentielle Umstellung" seiner selbst erfolgen soll, wie Viktor E. Frankl es formuliert hat. Er muss den Grund für ein neues und sinnvolles Handeln im Herzen erspüren, um von seinen Fehlhandlungen geheilt zu werden. Logotherapie ist die Kunst des Therapeuten, gemeinsam mit seinem Patienten nach demjenigen Ausschau zu halten, was diesen geistig fordert, was diesen ethisch anspricht, was auf diesen wartet, was darauf wartet, von diesem erfüllt zu werden: nach dem Logos – dem Sinn in dessen Leben.

Immer wieder taucht dabei die drängende Frage auf, wer bestimmt, was sinnvoll ist. Könnte der Wolf in der Fabel nicht behaupten, dass ihm das Kosten von zartem Menschenfleisch äußerst sinnvoll erscheint, wohingegen die Dorfbewohner in unserer Fabel das Jagen und Töten des Wolfes für sinnvoll erachten? Peter R. Hofstätter gibt darauf die folgende Antwort*: „Viktor E. Frankl gehört zu den wenigen, die wissen, dass ... wir den Sinn des Lebens nicht nach Belieben setzen, sondern nur andächtig erfassen können."

* Joseph Fabry, Das Ringen um Sinn, Hippokrates, Stuttgart 1973,Vorwort.

Das bedeutet: Was der Wolf anstrebt, ist nicht Sinnerfüllung, sondern Bedürfnisstillung; und die Art jedweder Bedürfnisstillung wird stets beliebig gesetzt. Was jemand unternimmt, um seinen Hunger nach Nahrung, Sexualität, Sicherheit, Macht, Geld oder Ansehen zu stillen, unterliegt seinen Möglichkeiten und seiner Willkür – es sei denn, er unterwirft die Wahl seiner Mittel freiwillig einer Überprüfung nach dem Sinn. Dann findet die Beliebigkeit ein Ende, denn der Sinn ist kein willkürlich setzbarer. Wenn beispielsweise die Dorfbewohner, statt blindlings und damit ebenfalls „wolfsartig" ihrem Bedürfnis nach Sicherheit folgend das Tier zu Tode zu hetzen, sich zuvor überlegen, ob es tatsächlich sinnvoll ist, den Wolf zu erlegen, etwa angesichts der Tatsache, dass mit ihm – nach dem Motto von Franziskus – auch ein Freundschaftsabkommen getroffen werden kann (oder dass es nicht mehr sehr viele Wölfe auf Erden gibt, was ein zeitgemäßeres Argument sein könnte), vermögen sie sich das Ergebnis ihrer Sinnüberprüfung nicht nach Belieben auszusuchen. Sie müssen den objektiven Sachverhalt, dass Freundschaft sinnvoller als Feindschaft, und Lebensbewahrung sinnvoller als Lebensvernichtung ist, zur Kenntnis nehmen, ob er ihnen gefällt oder missfällt. Der Sinn kann nicht gegeben werden, nicht vom Therapeuten einem Patienten, und nicht vom Patienten seinem Leben. Der Sinn ist in einer erstaunlichen, übermenschlichen, geradezu transzendenten Objektivität einfach da, für jede Person in jeder Situation, ob er „andächtig erfasst" wird, wie Peter Hofstätter es ausgedrückt hat, oder nicht, und ob dem als sinnvoll Erfassten seitens der Person gehorcht wird oder nicht.

Aufgrund der Sinngerichtetheit menschlicher Existenz und der mit ihr verbundenen Ursehnsucht des Menschen nach einem sinnerfüllten Leben besagt die logotherapeutische Kernthese, dass beides, sowohl das Nicht-Erfassen von Sinngestalten, als auch das Erfassten-Sinngestalten-nicht-Gehorchen zu ernsthaften Krisen und Krankheitsausbrüchen stimuliert. Deswegen kommt der logotherapeutische Dialog einem Abtasten, Ausloten und Anstrahlen von „Sinnmöglichkeiten auf dem Hintergrund der Wirklichkeit“ (Frankl) gleich und einem Aufruf an jedermann, sie im konkreten Lebensvollzug zu berücksichtigen.

Wobei das „Sein“ absoluten Vorrang vor jeglichem emotionalen „Widerschein“ hat. Ziel einer logotherapeutischen Intervention ist nicht, dass sich ein Patient gut *fühlt*, sondern dass er gut *ist* – für etwas gut ist, dass sein Leben ein gutes ist, weil sich Gutes darin verwirklicht. Dann nämlich wird er sich als Resultat auch gut fühlen. Analog dazu ist es nicht erklärtes Ziel der Logotherapie, Schuld- oder Trauergefühle, z. B. nach einem Schicksalsschlag, abzuschwächen oder gar wegzutherapieren, sondern vielmehr, dem Patienten bei seiner geistigen Auseinandersetzung mit begangener Schuld oder mit erlittenem Leid beizustehen und gemeinsam mit ihm sogar diesen schmerzlichen Tatbeständen noch eine Sinnperspektive abzuringen. Dann nämlich, aber auch nur dann, wird er Schuld und Leid akzeptieren und seelisch bewältigen.

Ein abschließendes Beispiel aus meiner psychotherapeutischen Praxis soll dies demonstrieren.

Eine 54jährige unverheiratete Frau lebt seit ihrer Kindheit mit ihrer früh verwitweten Mutter zusammen. In den letzten Jahren war dieses Zusammenleben eine große Last für sie, da die Mutter kleinlich und zänkisch wurde. Aber die Frau brachte es nicht über sich, die zunehmend kränkelnde Mutter extern unterzubringen. Jetzt geht es mit der Mutter langsam zu Ende, und die Frau, die ihre Mutter pflegt, wird von widersprüchlichen Gefühlen hin- und hergerissen. Einerseits empfindet sie panische Angst vor dem Abschied von ihrer Mutter, andererseits kommt manchmal eine gewisse Vorfreude in ihr auf, deren sie sich zutiefst schämt. Sie ertappt sich dabei, wie sie für die Zeit nach dem Tod ihrer Mutter Pläne für eine Neueinrichtung der mütterlichen Wohnung schmiedet, und klagt sich daraufhin ihrer Gefühlskälte an. So steht sie nicht nur unter großem äußerem Stress, sondern auch in einem starken inneren Konflikt, der sie übererregbar und hypersensibel macht; mitunter weint sie tagelang und gebraucht Beruhigungs- und Schlafmittel in hohen Dosen.

In der logotherapeutischen Beratung wird ihr folgendes vermittelt. Sie steht an der Schwelle zwischen zwei Lebensabschnitten. Einem „alten", der sich allmählich seiner Erfüllung zuneigt, und einem „neuen", der sich ihr mit neuen Aufgaben naht, die wiederum neuer Erfüllung harren. Der alte Lebensabschnitt war zugegebenermaßen teilweise schwer, aber welchen Sinn könnte er trotzdem gehabt haben? Die Frau findet heraus, dass der Sinn des alten Lebensabschnittes darin lag, dass ihre Mutter und sie sich gegenseitig geholfen und unterstützt haben. Erst half die Mutter ihr, verhinderte Einsamkeit, führte den Haushalt, als die Tochter berufstätig wurde, usw. Später war es die Tochter, die der Mutter half, für sie einkaufte, sie wusch, den Arzt für sie holte, usw. Zwei alleinstehende Menschen haben sich zusammen getan, damit der jeweils Stärkere den jeweils Schwächeren ein Stück weit mittragen konnte. Das war eine sinnvolle Sache, und daher war es ein guter Lebensabschnitt, der zwar mit dem Tod der Mutter vollendet werden, aber nicht seine Güte und Sinnhaftigkeit verlieren wird.

Welchen Sinn könnte nun der neue Lebensabschnitt in sich bergen, der mit dem Tod der Mutter für die Frau beginnen wird? Die Frau hat noch nie in ihrem Leben selbständig gelebt, sie hatte noch nie genug Freiheit, um ihre Identität in Eigenständigkeit und Selbstverantwortlichkeit voll zu entfalten. Dies, so sieht sie ein, wird ihre nächste Aufgabe sein, vor der sie verständlicherweise etwas zurückschreckt, die ihr aber wichtige Entwicklungschancen eröffnen wird. So darf und soll sie sich guten Gewissens auf ihre neue Aufgabe freuen und mit Mut an sie herangehen. Zugleich darf sie von ihrer alten Aufgabe in Wehmut Abschied nehmen, denn diese Wehmut beweist, dass sie sie im Grunde gerne erfüllt hat, aus Liebe zur alten Mutter. Der gefühlsmäßige Konflikt, den sie erlebt, ist nichts anderes als ihr gegenwärtiger „Standort an der Schwelle". Doch an dieser Schwelle kann sie im Grunde gelassen stehen, in beide Richtungen schauend: mit Stolz und Dankbarkeit zurück und mit Vorfreude und Neugierde voraus.

Nach Erarbeitung dieser Sichtweise gelingt es der Frau, die schwere Zeit der Sterbebegleitung ihrer Mutter bravourös durchzuhalten, und zwar – im Anschluss an die logotherapeutische Beratung – ganz ohne medikamentöse Hilfsmittel.

An Hand des Fallbeispieles sollen zusammenfassend drei typische Kennzeichen logotherapeutischen Vorgehens aufgezeigt werden.

1) Die Fragen an den Patienten werden häufig (nach dem großen antiken Vorbild Sokrates) im „sokratischen Stil" gestellt, also nach dem Muster: „Was wäre, wenn ...?", „Was könnte sein ...?", „Was sollte sein ...?" Darin kommt die Sinnzentrierung der Gesprächslinie zum Ausdruck. Es sind Fragen nach dem Sinn von Sein und nach sinnvollen Veränderungen von Sein. Weniger häufig wird (nach dem berühmten Vorbild Carl Rogers) klientenzentriert vorgegangen, etwa der Art: „Wie fühlen Sie sich?", „Was geht in Ihnen vor?", „Was meinen Sie dazu?" Nach logotherapeutischer Auffassung kann und will sich die „geistige Person" des Menschen nicht bloß mit sich selber beschäftigen. Ihr Wirkungsbereich ist die Mit- und Außenwelt, in die sie sich-selbst-überschreitend eingreift.

2) Im logotherapeutischen Gespräch wird grundsätzlich nicht abgewertet, sondern verstärkt darauf geachtet, das Wertsystem eines Patienten zu erhalten und zu erweitern. So würde der Frau in der vorhin skizzierten Fallgeschichte keineswegs vermittelt werden, dass sie infantil genug gewesen ist, sich von ihrer Mutter jahrelang unterdrücken zu lassen, statt ichstark genug zu sein, um sich von ihr zu lösen, und dass ihr gegenwärtiges Dilemma die Konsequenz davon ist. Die positive Tatsache, dass sie sich, unbeirrt vom Altersstarrsinn der Mutter, um diese gekümmert hat, wird als Positivum anerkannt, parallel dazu jedoch werden positive Wertverwirklichungschancen in der zu erwartenden „mutterlosen" Zeit ins Blickfeld gerückt.

Die „via regia“ der Logotherapie sind die Werte, aber nicht nur der Umgang mit subjektiven, von Gesellschaft, Kultur und Religion geprägten Wertvorstellungen, sondern vor allem das Ernstnehmen des uralten menschlichen Sehnens und Strebens nach einem objektiven Wertmaßstab, von dem her alle unser subjektiven Wertvorstellungen ihre Güte und Verwirklichungswürdigkeit empfangen.

3) Die Logotherapie pflegt eine bewusste und gewollte Selbstbeschränkung in Bezug auf die Entwicklung und Anwendung von Psychotechniken und therapeutischen Rezepturen. Ihr Anliegen ist die „existentielle Umstellung“ des Patienten, dort, wo sie nottut, und mit den Argumenten, die der Sinn des Augenblicks empfiehlt, damit wahres Menschentum in Geistigkeit, Freiheit und Verantwortlichkeit wieder möglich wird.

Ergebnisse moderner psychologischer Forschung

… und Frankl hatte doch recht …

Lernen wir uns freuen,
so verlernen wir am besten,
Anderen wehzutun.
(Friedrich Nietzsche)

Das Titelthema des Wissenschaftsjournals „Gehirn & Geist" vom August 2017 (Seite 12 – 17) ließ die Fachwelt aufhorchen. Es trug die brüskierende Überschrift „Sinn schlägt Glück". Der Wiesbadener Psychologe Joachim Retzbach erläuterte darin, dass die vehemente Glücksforschung der vergangenen Jahrzehnte ausgedient habe. Glück und Freude seien Nebenprodukte eines sinnerfüllten Lebens. Es gehe primär darum, dem eigenen Leben eine sinnvolle Bedeutung zusprechen zu können – dann werden sich das Glücklichsein und die Lebensfreude „ganz wie nebenbei" einstellen. Hat Retzbach von Frankl abgeschrieben? Nein, er wiederholt zwar Frankls Thesen, stützt sich dabei aber auf die Ergebnisse zahlreicher internationaler Studien, wenn er sagt:

Denn die moderne Forschung belegt, dass sich das Erleben von Sinn auch auf den Alltag auswirkt … Wer sein Leben als bedeutsam empfindet, ist zufriedener, optimistischer, sozial stärker eingebunden und kann besser mit Stress umgehen. Sinnkrisen dagegen erhöhen das Risiko für Ängstlichkeit und Depressionen – bis hin zur Suizidalität. Auch medizinisch wirkt es sich schützend aus, wenn man sein Dasein als sinnvoll erlebt. Menschen jeden Alters haben ein geringeres Sterblichkeitsrisiko, wenn sie einen Sinn im Leben sehen, was unter anderem auf eine verminderte Rate von Herzinfarkten, Schlaganfällen und Demenzerkrankungen zurückgeht. Entzündungsprozesse im Körper, die an vielen chronischen Erkrankungen beteiligt sind, werden eingedämmt."

Die Innsbrucker Psychologin Tatjana Schnell hat eine Reihe von empirischen Untersuchungen zum Thema „Sinnempfinden" durchgeführt und deren Ergebnisse publiziert.* Ihr zufolge gehören zu einem sinnerfüllten Leben 1. die Überzeugung, dass es nicht egal ist, was man tut, 2. das Wissen, einen zugehörigen Platz auf dieser Welt zu haben, 3. eine stimmige Zusammenschau des eigenen Lebens, und 4. eine klar Orientierung an Zielen und Werten. Interessant ist dabei ein Faktor, den sie „Generativität" nennt. Damit bezeichnet sie den Willen des Menschen, etwas zu schaffen, das (über den eigenen Tod hinaus) den Mitmenschen und der Nachwelt zugute kommt. Tatjana Schnell stellte fest: „Wer generativ lebt, empfindet sein Leben mit hoher Wahrscheinlichkeit als sinnerfüllt." Der Trier Psychologe Jan Hofer hat dazu eruiert, dass die aus der Generativität erwachsenden Lebensziele bei 60- bis 90Jährigen in Deutschland genauso mit einem großen Sinnerleben verknüpft sind wie bei Senioren in Kamerun, Tschechien oder Hongkong. Wem würde dazu nicht Frankls Konzept von der Selbsttranszendenz des Menschen einfallen? Die traditionellen Konzepte einer anzustrebenden Selbstverwirklichung des Menschen

* Tatjana Schnell, „Psychologie des Lebenssinns", Springer, Heidelberg 2016

schnitten im Vergleich dazu bezüglich der Frage des Sinnerlebens in den Studien schlecht ab. Ein Streben nach Macht, Geld, Höchstleistungen, persönlicher Freiheit oder Individualismus sammelt kaum „Punkte am Sinnkonto", wie Tatjana Schnell es ausdrückt. Was „Punkte" einbringt, sind Spiritualität, Naturverbundenheit, soziales Engagement, eben: Selbstüberschreitung.

Umfragen in den USA sowie in Deutschland zufolge ist fast die Hälfte der jungen Menschen (in der verwöhnten westlichen Welt) „existentiell indifferent", wie der Psychologe Michael Steger aus Colorado und Tatjana Schnell parallel zueinander herausgefunden haben. „Existentiell indifferente" Personen neigen zu der Ansicht, wenig Kontrolle über ihr eigenes Leben zu haben und den Anforderungen der Gegenwart nicht gewachsen zu sein. Um sich gegen ein daraus resultierende „Leiden am sinnlosen Leben" (Frankl) zu wappnen, mimen sie eine vordergründige Gleichgültigkeit in der Sinnfrage und suchen ihr Glück in Ablenkung und Zerstreuung. Aber die Studienlage ist eindeutig: Für das Wohlbefinden und die Gesundheit ist es unverzichtbar, an Stelle eines rauschartigen, raschen, oberflächlichen Glücks einen umfassenderen Sinn anzustreben. Faszinierend sind dazu die Untersuchungsergebnisse, zu denen der texanische Psychologe Jinhyung Kim im Jahr 2014 gelangte. Er stellte Versuchspersonen vor die gedankliche Wahl zwischen einem sinnvollen, aber wenig angenehmen Leben und einem vergnüglichen, aber sinnentleerten Leben. Nahezu alle Probanden bevorzugten ersteres. Das deckt sich auch mit den statistischen Ergebnissen, wonach das psychische Wohlbefinden von Eltern in den ersten Jahren nach der Geburt eines

Kindes spürbar einbricht, aber der erfahrene Sinn der Elternschaft sämtliche durch die Ankunft des Kindes erzwungene Rücksichtnahme und Reduzierung eigener Bequemlichkeit bei weitem wettmacht.

Auf internationalem Parkett scheint es für die Menschen in ärmeren Ländern einfacher zu sein, Sinn in ihrem Leben zu finden, als für die Menschen in den Industrienationen. Die Psychologen Shigehiro Oishi und Ed Diener haben diesbezüglich die Bewohner und Bewohnerinnen von 132 Staaten interviewt.* Menschen, die sich mühevoll selbst versorgen oder um ihr Überleben ringen müssen, kommen offenbar gar nicht auf die Idee, ihr Tun und Wirken könnte sinnlos sein. Außerdem spielen die Sinnstifter „Religion", „Gemeinschaft mit Anderen", und „Erhalt der eigenen Familie" bei ihnen noch eine wichtige Rolle. In den Industrienationen ist es anders. Viele Menschen wenden sich auf ihrer Suche nach Sinn überwiegend ihrer Erwerbstätigkeit zu. Der kanadische Psychologe Paul Fairli hat die hohe Korrelation zwischen der gefühlten Bedeutsamkeit des Jobs, verbunden mit dem eigenen Engagement im Job bzw. mit der Ausschöpfung des persönlichen Potentials im Job und der allgemeinen Lebenszufriedenheit nachgewiesen. Allerdings kann es nachteilig sein, vorrangig auf die Sinnerfüllung in der Arbeit zu setzen. Abgesehen von der Einseitigkeit und der Gefahr, bei Arbeitsverlust „in ein Loch zu fallen", hat auch die Idealisierung von Arbeit ihre Tücken. Ein Ideal ist nicht dazu da, dass man es erreicht, sondern dazu, dass man sich nach ihm ausstreckt. Wenn man mit zu hohen

* Shigehiro Oishi, Ed Diener: „Residents of Poor Nations Have a Greater Sense of Meaning in Life than Residents of Wealthy Nations" in „Psycholocical Science" 25/2014, S. 422-430.

Ansprüchen an sich und seine Arbeit herangeht, bleiben herbe Enttäuschungen nicht aus, was das Sinnerleben logischerweise wieder hinunterschraubt.

Was aber tun bei herben Enttäuschungen im familiären oder im Arbeitsbereich? Tatjana Schnell und Sarah Pali haben im Jahr 2013 ein erstaunliches Heilmittel gegen massive Sinnkrisen auf seine Effektivität geprüft, nämlich Pilgerreisen. Sie veröffentlichten einen Bericht, in dem u. a. nachzulesen war:

Pilger, die einige Zeit auf dem Jakobsweg verbrachten, waren anschließend stärker sinnerfüllt; zu Beginn vorhandene Sinnkrisen waren wie weggeblasen. Die Effekte hielten selbst vier Monate nach der Reise noch an.

Dem möchte ich aus meiner Erfahrung etwas anfügen. Nicht jeder wird die Möglichkeit haben, zu einem langen Marsch aufzubrechen. Aber jeder hat die Möglichkeit, innerlich zur Ruhe zu kommen, und zwar durch ein geduldiges und vertrauensvolles Warten. Leider haben wir es längst verlernt, geduldig warten zu können. Hat man früher auf die eine oder andere briefliche Nachricht gewartet, so trudeln einem heute ununterbrochen E-Mails um die Ohren. Hat man früher wochenlang auf die Rückkehr eines verreisten Verwandten gewartet, sieht man ihn heute per Bild am Smartphone, kaum dass er an seinem Reiseziel angelangt ist. Und hat man früher sehnsüchtig auf ein Geburtstagsgeschenk gewartet, bestellt man sich heute online, was man morgen zu haben wünscht. Damit verdirbt man sich eine Menge Freude, denn das Warten ist die Vorbereitung auf die Freude.

Mit dem Sinnerleben ist es nicht anders. Es erzeugt umso mehr Freude, als man ein Weilchen darauf gewartet hat. Sinn ist etwas sehr Persönliches, und die Persönlichkeit des Menschen entwickelt sich. Das heißt: Was einmal sinnvoll war, muss nicht fortgesetzt sinnvoll sein. Auch was Andere empfehlen, ist nicht immer die Toplösung. Und nur weil viele Menschen etwas Bestimmtes tun, muss dies nicht deswegen sinnvoll sein – und schon gar nicht für einen selbst sinnvoll sein. Bei gravierenden Veränderungen, etwa wenn ein Lebensabschnitt zu Ende geht (wie bei der Frau im letzten Beispiel des vorigen Kapitels), befindet man sich im „Limbus", in einem Zwischenreich zwischen dem ausklingenden und dem herannahenden Lebensabschnitt, der noch keine Konturen hat. Das ist eine Spur furchterregend. Aber sinnvoll kann eben auch sein, etwas *nicht* zu tun. Zum Beispiel: sich *nicht* zu fürchten, *nicht* zu verzagen, oder sich *nicht* in einen übereilten Aktionismus hineintreiben zu lassen, sondern vertrauensvoll zu warten. In der Ruhe, in der Stille, im demütigen und zugleich vorfreudigen Warten wird sich alsbald wieder Sinn enthüllen, ein Sinn im Neuen. Insofern plädiere ich für eine gelegentliche „Pilgerreise" in die Einfachheit eines vom üppigen Zuviel zurück gestutzten Lebens. Eine bewusste „Aus-Zeit" in freiwilliger Selbstbeschränkung ist der beste Boden für das Gedeihen neu aufkeimender Lebensfreude.

Sinn kann mitunter sogar rückwirkend in einem vergangenen Lebensabschnitt noch entdeckt werden. Ich erinnere mich an einen jungen Mann, der einst bei mir in Beratung war. „Als ich 16 Jahre alt war, haben mich meine Eltern in eine Bäckerlehre gesteckt. Das war furchtbar!" jammerte er.

Wie in der Psychologie Usus, könnte sich der Berater jetzt auf die zwei negativen Inhalte dieser Aussage stürzen: auf die diktatorischen Eltern, die den armen Burschen „vergewaltigt" haben, und auf dessen unglückliche Adoleszenzzeit. Unter dem Aspekt logotherapeutischer Sinnfahndung wird jedoch unterschiedlich vorgegangen. Ich fragte den jungen Mann (absichtlich naiv): „Sie hätten also lieber eine andere Ausbildung gemacht?" Er schüttelte den Kopf. „Damals wusste ich überhaupt nicht, was ich werden wollte", gestand er ein. „Ach so", antwortete ich, „könnte es vielleicht sein, dass Ihre Eltern das gemerkt haben? Dass sie Ihnen helfen wollten, indem sie eine Lehre für Sie gesucht haben?" Er zögerte. „Oder was wäre gewesen, wenn Ihre Eltern nichts unternommen hätten?" Er zuckte die Achseln. „Ich wäre wahrscheinlich bloß zu Hause herumgesessen …" Schweigen. Schließlich nickte der junge Mann: „Es ist schon wahr, dass sie mir helfen wollten." Ich wechselte zu seiner zweiten negativen Aussage: „Was war denn so furchtbar an der Bäckerlehre?" Seine Antwort kam prompt: das frühe Aufstehen. Täglich musste er bereits vor 5 h früh aus den Federn. Das empfand er als Qual. Dafür signalisierte ich Verständnis, aber nicht ohne dem Minus ein Plus hinzuzufügen. „Ja", sagte ich, „die Arbeitszeitverschiebung des Bäckers nach vorne ist nicht leicht. Er muss sehr zeitig aufstehen und hat dafür schon nachmittags frei, wenn andere Berufstätige noch arbeiten müssen." Wieder nickte der junge Mann zustimmend, womit wir einen Konsens errungen hatten über zwei positive Gesichtspunkte der vergangenen Geschehnisse: Seine Eltern hatten ihm nur helfen wollen; und der täglich frühe Arbeitsbeginn in der Bäckerei wurde durch den täglich frühen Arbeitsschluss aufgewogen.

Damit nicht genug „Sinnfahndung". „Hat Ihnen auch irgendetwas an der Bäckerlehre gefallen?" fragte ich weiter. „Ich habe dort einen Freund kennen gelernt", erklärte der junge Mann. „Mit dem war ich viel zusammen. Wir haben Ausflüge gemacht, Drachen steigen lassen, Radtouren unternommen ..." „Wie schön", meinte ich. „Da kamen Ihnen die freien Nachmittage doch sehr gelegen!" „Gewiss", bestätigte er und sah plötzlich ein, dass das frühe Aufstehen durchaus auch seine Vorteile hatte. „Hat Ihre Freundschaft länger angedauert?" hakte ich nach. „O ja, bis zum Abschluss meiner Lehre." Hier fand ich einen Grund, ihn zu loben. „Demnach haben Sie Ihre Bäckerlehre durchgehalten, obwohl Sie sie ungern begonnen haben. Alle Achtung, da waren Sie tüchtig. Dieses Durchhaltevermögen wird Ihnen im Leben noch nützlich sein. Sie werfen nicht schnell die Flinte ins Korn, Sie können beharrlich und zäh sein ..." Der junge Mann sonnte sich in meinem ernst gemeinten Lob. Weniger ernst gemeint war meine (wieder absichtlich naiv gestellte) Anschlussfrage: „Und nach Beendigung Ihrer Bäckerlehre hatten Sie die Reife, endlich zu wissen, welchen Beruf Sie wirklich ergreifen wollten, und haben umgesattelt?" „Keineswegs", kam die entrüstete Antwort. „Nachdem ich das Bäckerhandwerk erlernt hatte, wurde ich von der Firma übernommen." Das aber wollte ich in Deutlichkeit fassen, denn nichts ist so schlimm wie eine innere Zerrissenheit zwischen einem Ich-will und einem Ich-will-nicht. „Sie sind jung", argumentierte ich, „Sie könnten sich immer noch für eine andere Ausbildung entscheiden. Als Sie ein pubertierender Bub waren, haben Ihre Eltern für Sie eine Berufswahl getroffen. Jetzt sind Sie erwachsen, jetzt liegt es an Ihnen, wie Sie Ihre Zukunft gestalten. Wenn Sie die nächsten Jahre als Bäcker arbeiten wollen, dann tun Sie es nur, wenn *Sie sich dafür voll und ganz entscheiden*." Der junge Mann sah mich verschmitzt an. „Na klar", erwiderte er, „bleibe ich Bäcker. Mittlerweile freut mich mein Beruf. Mein Chef ist sehr zufrieden mit mir, denn ich habe ein Händchen für verziertes Gebäck. Wenn für festliche Gelegenheiten Sonderanfertigungen bestellt werden, zum Beispiel Kränze für die Oktoberwies'n oder Weihnachtsmänner auf Schlitten, dann übergibt er die Aufträge stets mir. Ich denke mir jedes Mal was Lustiges aus!" „Dann haben Ihre Eltern offensichtlich gar nicht so daneben gegriffen …?" „Aber nein", antwortete der junge Mann nachdenklich. „Es war schon gut, wie es gekommen ist."

Ich habe diesen kleinen Diskurs eingeschoben, um zu demonstrieren, wie sehr sich Perspektiven von Sachlagen wohltuend verändern, wenn plötzlich ein Sinn in einer Sachlage (sei es rückwirkend, sei es vorausblickend) gesehen wird. Inzwischen sind Mediziner und Neurowissenschaftler auf dieses Phänomen aufmerksam geworden. Vieles spricht dafür, dass solche am Sinn orientierte Perspektiven nicht nur der Seele, sondern auch dem Leibe wohl tun. Die Berliner Psychologin Patricia Thivissen recherchierte sorgfältig aktuell vorliegende Studien dazu und fasste sie in ihrem Artikel „Balsam für Körper und Geist" im Wissenschaftsjournal „Gehirn & Geist" vom August 2017 (Seite 18 – 23) zusammen. Einige spannende Resultate, die beweisen, welchen gesundheitsschützenden Effekt Sinnerfüllung auf den Menschen hat, seien exemplarisch herausgegriffen.

1. Die New Yorker Ärzte Randy Cohen und Alan Rozanski haben in den Jahren 2008 – 2015 den Zusammenhang zwischen Sinnsuche und dem Risiko, an Herz-Kreislauf-Erkrankungen zu sterben, untersucht. Insgesamt wurden zu diesem Zweck mehr als 130.000 Personen sieben Jahre lang medizinisch begleitet. Resultat: Personen, die ihr Leben als sinnvoll empfanden, hatten ein um 20 Prozent niedrigeres Sterberisiko im Vergleich zu Personen, die ihrem Dasein keine besondere Bedeutung zusprachen.[*]

2. Das Team des Michiganer Psychologen Eric Kim haben in den Jahren 2011 – 2013 1500 Amerikaner befragt, die älter als 50 Jahre waren und an einer koronaren Herzkrankheit litten. Auf Grund der erhaltenen Aussagen errechneten sie für jede befragte Person einen „Lebenssinn-Wert" auf einer sechsstufigen Skala. Resultat: Das Risiko für einen Herzinfarkt sank für jede Einheit, die der empfundene Lebenssinn auf dieser Skala zunahm, um 27 Prozent.[**]

3. Die Chicagoer Wissenschaftler Patricia Boyle und Aron Buchman haben in den Jahren 2005 – 2012 900 Senioren im Alter von ca. 80 Jahren, die zum Beginn der Studie nicht dement waren, beobachtet. Während dieser sieben Jahre erkrankten 155 Personen davon an Alzheimer. Resultat: Personen, die ihrem Dasein eine hohe Bedeutung

---

* Randy Cohen et al.: „Purpose in Life and Its Relationship to All-Cause Mortality and Cardiovascular Events: A Meta-Analysis" in „Psychosomatic Medicine" Nr. 78, S. 122 - 133, 2016

** Eric Kim et al.: „Purpose in Life and Reduced Risk of Myocardial Infarction among Older U. S. Adults with Coronary Heart Disease. A Two-Year Follow-up" in „Journal of Behavioral Medicine" Nr. 36, S.124 - 133, 2013

beimaßen, blieben dabei mehr als doppelt so häufig von Alzheimerdemenz verschont als solche, die ihr Leben als wenig sinnvoll erachteten.*

4. Die kanadischen Forscher Anthony Burrow und Patricia Hill aus Ottawa teilten im Jahr 2013 116 Versuchspersonen in zwei Gruppen auf. Mit der ersten Gruppe wurde darüber gesprochen, was dem Leben ihrer Mitglieder Sinn verleihe. Mit der zweiten Gruppe wurde ein Kinofilm diskutiert. Danach wurden alle Versuchspersonen einem erhöhten Stress während einer unangenehmen Zugfahrt mit extremem Gedränge in den Waggons ausgesetzt. Resultat: Die Personen aus der ersten Gruppe waren weniger angespannt, besser gelaunt und konnten den Stress der Zugfahrt wesentlich besser verkraften als die Personen aus der zweiten Gruppe.**

In Ergänzung dazu möchte ich eine alte Untersuchung aus den Jahren 1987 – 1990 erwähnen, die Natalina Barbona, eine meiner italienischen Schülerinnen, im Rahmen ihrer Diplomarbeit durchgeführt hat. Es gab damals noch wenig medizinische Hilfen für HIV-infizierte Kranke. Allerdings wusste man, dass sich die Virusinfektion vor allem dann zum Vollbild der Krankheit auswirkt, wenn gleichzeitig ein geschwächtes Immunsystem vorliegt. Natalina Barbona

---

* Patricia Boyle et al.: „Effect of Purpose in Life on the Relation between Alzheimer Disease Pathologic Changes on Cognitive Function in Advanced Age" in „Archives of General Psychiatry" Nr. 69, S. 499 - 505, 2012

** Anthony Burrow und Patricia Hill: „Derailed by Diversity? Purpose Buffers the Relationship between Ethic Composition on Trains and Passenger Negative Mood" in „Personaliy and Social Psychology Bulletin" Nr. 39, S. 1610 - 1619, 2013

verglich die Krankheits- und Lebensverläufe von zwei Gruppen infizierter junger Menschen. Die eine Gruppe lebte privat in Rom. Die andere Gruppe befand sich in einer therapeutischen Wohngemeinschaft, in der logotherapeutische Gruppengespräche angeboten wurden. Das Resultat nach drei Jahren war: Von der privaten Gruppe in Rom war die Hälfte der Personen schon verstorben. Von der logotherapeutisch betreuten Gruppe in der Wohngemeinschaft lebten alle Mitglieder noch. Bei fast der Hälfte von ihnen war die Krankheit zum Stillstand gekommen.*

Vieles weist darauf hin, dass ein sinnerfülltes Leben nicht nur die Freude im Leben anhebt und die Fähigkeit zur Stressbewältigung fördert, sondern auch das Immunsystem, und damit die Krankheitsabwehr des Menschen stärkt. Es ist kein Wunder, dass wir uns nach Sinn sehnen. Das Wunder ist, dass Sinn immer und überall für uns bereit liegt – wenn wir nur achtsam und feinfühlig genug dafür sind.

---

* Die Diplomarbeit von Natalina Barbona liegt in „Centro Italiano di Solidarieta" in Rom auf.

Die Autorin

Univ.-Prof. h.c. Dr. habil. Elisabeth Lukas, geboren 1942 in Wien, ist Schülerin von Prof. *Viktor E. Frankl.* Als Klinische Psychologin und approbierte Psychotherapeutin spezialisierte sie sich auf die praktische Anwendung der Logotherapie, die sie methodisch weiterentwickelte. Nach 13-jähriger Tätigkeit in Erziehungs-, Familien- und Lebensberatungsstellen übernahm sie 1986 die fachliche Leitung des „Süddeutschen Instituts für Logotherapie GmbH" in Fürstenfeldbruck bei München, die sie 17 Jahre lang inne hatte. Danach war sie noch fünf Jahre lang als Hochschuldozentin und Lehrtherapeutin beim österreichischen Logotherapie-Ausbildungsinstitut ABILE tätig. Ihr Werk ist mit der Ehrenmedaille der Santa Clara Universität in Kalifornien und dem großen Preis des Viktor *Frankl* Fonds der Stadt Wien ausgezeichnet worden. Vorträge und Vorlesungen auf Einladung von mehr als 50 Universitäten sowie Publikationen in 18 Sprachen machten sie international bekannt. 2014 ist ihr von der Moskauer Universität eine Ehrenprofessur verliehen worden.

Heilkunst und Lebenskunst in der Logotherapie

Seit dem Tod *Viktor E. Frankls* (1905-1997) ist das Interesse an der von ihm entwickelten „Dritten Wiener Schule der Psychotherapie" – der Logotherapie – sprunghaft angestiegen. Viele Menschen fühlen sich weltweit von seiner schlichten und doch so faszinierenden „Ärztlichen Seelsorge" berührt und angesprochen. Besonders die Einbeziehung der Sinnfrage in alle Belange gelingenden Lebens findet gegenwärtig ein außerordentlich zustimmendes Echo.

Die Sachbuchreihe *„Heilkunst und Lebenskunst in der Logotherapie"* will das *Frankl*sche Werk in allgemein verständlicher Form und nach Problemgruppen geordnet einer breiten Leserschaft nahe bringen.

BAND 1

Elisabeth Lukas

Wertfülle und Lebensfreude

Logotherapie bei Depressionen und Sinnkrisen

4., erw. Auflage • 2011 • 150 Seiten • ISBN 978-3-89019-684-8

BAND 2

Elisabeth Lukas

Lebensstil und Wohlbefinden

Seelisch gesund bleiben - Anregungen aus der Logotherapie

3., erw. Auflage • 2010 • 136 Seiten • ISBN 978-3-89019-685-5

BAND 3

Otto Zsok

Logotherapie und Glaubensfragen

Das Geheimnis des Lebens erspüren

1999 • 112 Seiten • ISBN 978-3-89019-472-1

BAND 4

Elisabeth Lukas

Konzentration und Stille

Logotherapie bei Tinnitus und chronischen Krankheiten

(mit einem Beitrag von Helmut Schaaf)

3. Auflage • 2005 • 108 Seiten • ISBN 978-3-89019-574-2

BAND 5

Elisabeth Lukas

Verlust und Gewinn

Logotherapie bei Beziehungskrisen und Abschiedsschmerz

2., erw. Auflage • 2007 • 124 Seiten • ISBN 978-3-89019-602-2

BAND 6

Elisabeth Lukas

Freiheit und Geborgenheit

Süchten entrinnen - Urvertrauen gewinnen

3. erw. Auflage • 2012 • 150 Seiten • ISBN 978-3-89019-578-0

BAND 7

Elisabeth Lukas

Inspirationen für die Seele

Das geistige Erbe Viktor E. Frankls

2. durchges. u. erw. Aufl. • 2015 • 252 Seiten •

ISBN 978-3-89019-615-2

BAND 8

Elisabeth Lukas
Alles fügt sich und erfüllt sich
Logotherapie in der späten Lebensphase
Erw. Neuauflage • 2009, Großdruckausgabe 2017• 102 Seiten •
ISBN 978-3-89019-682-4

BAND 9

Elisabeth Lukas
Burnout adé!
Engagiert und couragiert leben ohne Stress
1. Auflage • 2012 • 136 Seiten • ISBN 978-3-89019-664-0

BAND 10

Elisabeth Lukas
Spannendes Leben
In der Spannung zwischen Sein und Sollen – ein Logotherapiebuch
4. erw. Neuauflage • 2014 • 304 Seiten • ISBN 978-3-89019-707-4

BAND 11

Elisabeth Lukas
Persönliches und Besinnliches
Kleines logotherapeutisches Lesebuch
1. Auflage • 2017 • 164 Seiten • ISBN 978-3-89019-779-1

BAND 12

Elisabeth Lukas
Sehnsucht nach Sinn
Logotherapeutische Antworten auf existentielle Fragen
4. erw. Neuauflage • 2018 • 218 Seiten •
ISBN 978-3-89019-788-3